貨幣ゲームの政治経済学

柳田辰雄

東信堂

はじめに

この著作の執筆の動機は、社会科学は社会における不確実性を縮減させるために、社会全体を俯瞰しつつ社会常識を緩やかに変えていくためにある、という信念にある。より具体的には、ジョン・メイナード・ケインズの自由主義、社会科学の方法論および貨幣経済学を考慮しつつ、『貨幣ゲームの政治経済学』と題して社会全体を俯瞰できる体系として構成することにある。

自由主義において、ケインズは、第一次世界大戦と第二世界大戦の戦間期において我われが「マルクス」にも「ハイエク」にもついていけず、中道を選ぶしかないと見抜き、その意味で「ケインズは正しかった」のである。ケインズは、マルクス主義、権威主義や全体主義との対抗のために、自由放任主義からも距離をおきつつヨーロッパの自由主義を守ることをめざしたのである。

また、ケインズは、社会科学方法論においても、有意味な命題とは事実か否かを経験的に検証できる命題と真偽を論理的に決定できる命題に限られると考える論理実証主義から距離をおいており、解釈学やプラグマティズムに近い。敢えてケインズの方法論を言うならば、解釈学の循環論法と、普遍的な論理性と個別的な歴史性を折衷した弁証法である。解釈学的循環においては、部分と全体はお互いの理解を、自己と他者はお互いの理解を前提とし、さまざまな仕方でより客観的で有意味な社会における人間の生そのものの理解を扱う。

二〇世紀以降、科学の方法としての論理実証主義においては、社会を含むあらゆる現象を物理学に倣って、還元論的に個人の行動に基づいて説明しようとしてきたが、社会のあらゆる現象が還元論によっては説明できない。社会のさまざまな現象を理解しようとする人びとは、複雑な文化的、経済的および政治的な人間の振る舞いにおいて、アリストテレスが「全体とは、部分の総和以上のなにかである」と指摘した事実に直面させられている。

それゆえに、イギリス人のジョン・ヒックスやアメリカ人のアルヴィン・ハンセンが『一般理論』から抽出した均衡分析の呪縛からケインズの経済学は解放されなければならない。ケインズの社会への見方は、ロバート・スキデルスキー著『なにがケインズを復活させたのか？ ポスト市場原理主義の政治経済学』のように、復活したのではない。ケインズの見方は、新古典派経済学の見方により、その懐の中に埋もれていただけであり、その体系の再構成を図るとともに、社会の進展に伴っていかにその体系を継承していくのかが論じられなければならない。

さらに、ハイマン・ミンスキーは、「新しい解釈の含意」『ケインズ理論とは何か』において以下のように述べている。

新しい解釈においては、ケインズの体系の核心は不確実性下の資本家の金融行動の分析と、資本家の金融行動が実物資本ストックの市場価格や投資の速さにいかなる影響を及ぼすかという分析なのである。ケインズ経済学のこの核心は、新古典派総合の基盤である静学的な生産関数や不変の選考体系というモデル構造と根本的に対立する。

また､社会に関して､一九二一年末に執筆された｢賠償､連合国間の債務､および国際貿易｣『条約の改正』を読むと、賠償問題が一九二〇年代以降の敗戦国ドイツとイギリスおよび債権国アメリカの国際問題の鍵となっていることをケインズは議論している。

この論文、ケインズの言葉を借りるとパンフレットであるが、ケインズは民主主義に基づく社会において政治家が冷静で合理的な判断ができるかどうかは極めて難しい問題だと考えていた。彼は、政治家たちにより複雑な政治問題が単純化され、いたずらに民衆に迎合した妥協案がその場しのぎのものになりやすいことを見抜いていた。民意を離れて民主主義はないとしても、民衆全体の利益を安易に想定することは、少数者への抑圧などにもつながり危険でもある。

貨幣ゲームの政治経済学のよってたつ根拠は、国民経済計算と株式会社の貸借対照表以外にはない。なぜなら、株式会社の貸借対照表から作成される国民経済計算こそが現在における経済全体の状況の指標を提供しているからである。しかも、これらの指標はそれほどゆるぎないものでもなく、社会の進展とともに人びとにより緩やかに変えられていく。

ルードリッヒ・ウィトゲンシュタインは、語の意味を手がかりにゆるやかな定常性と不可逆性の共存という我われの生の根本的なありかたと、そこでみられるコミュニケーションが語の意味ないし概念の不確定性を伴わざるをえないことを明らかにした[1]。

したがって、この著作では、社会における不確実性を縮減するために概念によって打ち立てられた制度が、いかにして社会の安定的な進展に寄与するのかを論じる。いいかえるならば、マルティン・ハイデガーの「解釈学的現象学」やウィトゲンシュタインの「言語ゲーム」の方法論を考慮しながら社会科学は展開されなければならないが、ケインズの著作は、その先駆的な業績であることも明らかにする。

注

1　平山朝治「複雑性と言語ゲーム――社会科学の当たり前パラダイム」『増補　社会科学を超えて――超歴史的比較と総合の試み』（中央経済社、二〇〇九年）。

目次／貨幣ゲームの政治経済学

貨幣ゲームの政治経済学

1章　貨幣ゲームとしての社会

今日、人類が共通にもっている普遍的な価値は、民主主義と自由主義である。民主主義は、政府組織と会社組織の自律的な統治に関わっている。また資本主義が地球を覆ってしまった現代においては、人びとは苛烈な競争を強いられており、国際社会でくらしている人びとにおける所得の格差が拡がっている。政府は、国民に安心・安全をもたらす責務を負っているが、多量の失業が国民の生活の安全をそこねている。多くの国々において、雇用を創出する政策により完全雇用を達成しつつ人びとの安全を保障することが、政府の最大の仕事となっている。

チャールズ・ダーウィンに影響を与えた適者生存を柱とする社会進化論を標榜する人びとは、社会は複雑であり全体の動きを知ることはできないとして、一九八〇年代以降に、アメリカやイギリスにおいて「政府による強制からの自由」を吹聴した。この思潮において指導的な役割をはたした一人が、オーストリア生まれで一九七四年にノーベル賞を受賞したフリードリッヒ・フォン・ハイエクである。そして、この信念と化した思潮の帰結が、数年前から始まった世界金融危機であり、この危機はまだ終わってはいない。

他方、自由主義には社会における制度を、常識を通じて緩やかに変えていこうというドイツやフランスにおいて影響力をもつ「制度設計」の立場もあり、新たな制度は不確実性を縮減し、社会の安定性に貢献しうると考える。この設計主義の社会科学における金字塔が、大恐慌という国際社会への試練の中から生まれた「国民所得」の概念に基づく国民経済計算であり、さらに、カナダ生まれで一九九九年にノーベル賞を受賞したロバート・マンデルによる「最適貨幣圏」の概念によってもたらされた国境を超える紙幣・共通通貨ユーロである。今日、これらの概念をより洗練させることにより国際社会の不確実性を縮減することが我われに求められている。

1　複雑な社会[1]

「ゆく河の流れは絶えずして、しかももとの水にあらず」と鴨長明が一三世紀に『方丈記』に記したように、社会は変化を続けており、しかももとに戻ることはない。

ケインズは世界が大恐慌による不況からの脱却にあえいでいた一九三六年に、『雇用・利子および貨幣の一般理論』[2]を出版し、経済学において貨幣を含む金融市場を体系的に分析することをはじめて可能にした。ケインズは、大量の失業はなぜ生じるのかという疑念から始めて、新たな概念を用いつつ国民所得統計の概念を柱とする経済体系を創りだした。

また、ケインズは、全体論的な視点から個人の動機とその行動に関連する論理と全体としての集団性に関する論理とを分け、共同社会における生活の秩序と規範や、それらのものがひきおこす人びとへの感情の重要性を無視してはならないと考えた。社会でくらす人びとは、異なる階層の心理をもっている。そこでは共同体において交換される個々の信念が不確定な期待と不可分に結びついており、個々人は共同体の慣習・規約に基づいて不確実性に対処している。

この理解のためには、複雑に絡み合った要素を一つひとつ独立させて作成される一つの暫定的な素描による図式化が必要となる。しかも、それらの要素の間に相互作用があるのである。

ある理論は、世界に関する一般化か命題のためにある。理論とは、本質的に階層構造をもつ仮説―演繹的な体系であり、結果やその応用により、世界でおきている知識をもたらすその体系の実績によって理論の妥当性は判断される。社会科学において仮説形成の手続きは、我われに理解可能な形での日常言語による解釈となり、自然科学の方法と同様の実証による説明はあまり有用ではない。

社会は曖昧で、閉じておらず、時の流れのように不可逆であり緩やかに変わっていく。いいかえるならば、この社会は、斉一性がなく、数で表されず、質的に差異のある不完全で動態的な体系である。さらに、この動態的な体系は、偶発的で、さまざまに変わりうる相互に依存する要因でなりたち、一部分は全体を含んでいる。この社会において人びとの生活に作用している要因は、時間・空間の履歴に拘束された制度であり、これらに基づく人びとの予想は時としてはきまぐれであるが、言語を共にする我われが容易に理解できる概念や知的な構造によっている。

全体論的な視点から社会科学を考えると、個人の動機とその行動に関連する論理と全体としての集団性に関する論理との区別が必要となる。個々人の理性や合理性に基づけば、共同社会における生活の秩序や規範、さらにそれらがひきおこす人びとにおける行動の要因となる感情の重要性を見失ってしまう。歴史と空間に縛られつつも将来にむかってなげだされている人間の行動は、将来への希望や期待に彩られており、それらが生起する理由を理解しなければならない。社会科学においては、命題が理解される言語で説明される必要があり、理論化は日常生活で社会と関わっている人びとと同じような暗黙の知識や、日常言語を使う常識による。したがって、人間の社会における行動は、習慣と慣習という制度に礎をおいており、時間・空間による試練に練りあげられた常識によっている。また、人びとの日々の生の営みにはプラグマティズムが明らかにしたように、疑念から始まり信念に至る探求という過程があり、探求の結果、統一された全体が生まれ、これが新たな常識となる。

したがって、知識は人間の作りあげた概念によってなりたち、経験を理解するために提案された精神的な構築物である。すなわち実証主義的な説明は非現実的なものであり、日常における現実は概念により構成されたものである。それゆえに、社会全体の価値は、有機体的統一の原理により部分に分解されない一つの全体としての状態に依存している。しかも、社会の有機体的統一のためには、個々人に安定した雇用をもたらすことが、政府の最大の仕事となる。

社会における人びとの活動は日常言語と貨幣による経済に関わる相互作用であり、倫理に基づく需要の構成と水準に影響を与える政府の役割が重要である。また公正価格の概念の維持が不可欠であり、人びとの才能や努力に報いる労働への報酬が市場で成立していなければならない。

ケインズは、理論構成を共同体における複数の主観からなる期待を構成しようとしつつ、しかも個々の認識主体が具体的に理解できるかたちで展開しなければならないと考えた。また、同時に、異なる種類の要素の連関のメカニズムを解き明かすような仕方で、社会全体のモデルを作るしかないと考えていた。それにより、彼は、慣習を個々人が行動するときに、現在の状況において将来がどのように見えるかを推測する際の技術、実践に関連しているとみなしていた。

将来にむかってなげだされている人間は、過去の経験と知識を全身全霊にこめて将来を見通さなければならない。経済活動において、会社の経営者も同様であり、これは会社の経営を行う時の短期や長期の期待形成に関わっている。慣習は、期待形成の根幹をなす。いいかえるならば、ある会社などの組織の意思決定においても、我われが暗黙のうちに同意しているものは慣習にほかならない。この慣習により株式会社の経営者は、変化を予想できる理由がある場合を除いて、現状が続くであろうと想定する。同様にして、短期にこの会社の株式を保有することが個々の投資家には安全とみなされ、慣習に従い自分の判断を然るべき期間に変更することはない。このようにして、社会全体では投資は固定されているが、ある会社の株式を保有している個々人の投資家にとっては流動化されている。

ところで、ケインズの社会管理への接近は、有機体的統一の隠喩が暗示するものの一般化にほかならない。彼は個々人の身体的な穏健、物質的な満足や知的な自由という善を強調し、国民に幸せをもたらす政府は、どのような倫理観から着想をえていようとよい目的にかなっているとした。

この見解は、具体的には最大多数の最大幸福から脱して、社会における失業者を少しでもへらし、雇用を創出する政策が公共善であるという主張にたどりつくことになる。

2　貨幣を媒体とする貨幣ゲーム

貨幣は単なる経済現象だけでなく、さまざまな人間の行動が交差する場でもある。したがって、貨幣は、共同体的な存在であり、その共同体の永続性への信頼によって存立している。さらに、貨幣は、その前提としての個々人の感情と行動、およびその個々人の差異化と同一化という相互関係から展開される歴史的な構造をもっている。

あらゆる言語行動は人間が操作でおこなうという言語ゲームにおいては、言語共同体の境界が生活世界の境界である。他方、貨幣ゲームは現代において資本主義市場経済に基づいており、言語共同体を超えることが可能であり、共通通貨が流通しうる最適通貨圏は、時間・空間の履歴を共有する最大集合的アイデンティティ圏となる。

カール・ポランニーの『経済と文明』を参考にすれば、貨幣というのは話ことばや書くこととか、衡量に似た意味の上になりたっているシステムであり、貨幣の三つの機能、すなわち支払い、尺度および交換手段のすべてに関連している[3]。

そして言語共同体の人びとの営みをウィトゲンシュタインのように言語という媒体による「言語ゲーム」とよぶならば、この上によってたつ貨幣共同体の人びとの活動が貨幣という媒体による貨幣ゲームである[4]。さらに、資本主義市場経済に基づく貨幣ゲームにおいて人びとは、さまざまな社会階層、文化集団や専門家集団に関わっており、それぞれの集団の利益を求めて権力や経済力の拡大のために政治的に活動している。

人びとがゲームをする前にすべてのルールがきまっているわけでも、ましてや知っているわけでもない。制度は権力、富、名誉をめぐる貨幣ゲームのルールを形作っており、人びとの相互作用を形作るが、個々人の行為における不確実性への対処において蓋然性を高めている。制度は契約や制定法、国家や会社という組織体でもあり、規範や習慣さらに人びとの思考の慣習に関わっている。

貨幣とは言語と同様に共同体的な存在であり、貨幣を成立させているのは、貨幣とさまざまな商品やサービスの間に将来にわたって交換することが可能であるという記号的な関係が成立していることであり、社会でくらしている人びとの間に、その貨幣共同体においてその貨幣ゲームが繰り返されていくことへの信頼があることにほかならない[5]。貨幣ゲームによる社会において、制度化されたゲームの規則は、慣習化することによって経済ひいては社会を安定化しうる。労働という商品は物品化されえず容易に消失し、社会の中に取り込むには役割、規範と価値体系が秩序づけられていなければならない。

したがって、かつては言語の境界が生活世界の境界であったのだが、地球規模での経済の統合化により、国際通貨の制度や貿易に関わる制度が、言語に基づく生活世界をすでに覆っている。しかも、この国境を超える貨幣ゲームでは、国民所得統計や株式会社の会計基準が首尾よく統一されていないために、統計が経済自体の動きを的確に反映するものでなくなっており、貨幣が商品やサービスと将来にわたって交換できるという信認が揺らいでいるのである。

他方、国境を超える統一貨幣が流通している貨幣共同体においては、貨幣が流通している地域において集合的アイデンティティのいっそうの醸成を促し、共通の防衛・安全保障政策をもつ運命共同体である国家群へと発展していく。いいかえるならば、ある地域において国境を越えた統一貨幣が導入されることは、共通の貨幣を使う異なる国民や民族の間に貨幣共同体の意識を育み、その地域の諸国の政治的な統合をより確かなものにしていくのである。

すなわち、ある地域における最適貨幣圏は、類似の時間・空間の履歴をもつ最大集合的アイデンティティ圏であり、経済共同体は貨幣共同体へいざなわれ、貨幣共同体は共通な安全保障・外交政策をもつ運命共同体に変容していく。

この章では社会は資本主義市場経済に基づく貨幣共同体であることを説明したが、つぎの章では、現代社会が共有する価値である自由主義の思潮のうねりを市場経済に関わる制度の移り変わりに焦点をあてて議論する。

注

1　複雑系の俯瞰は、『ガイドツアー複雑系の世界――サンタフェ研究所の講義ノートから』（メラニー・ミッチェル著／高橋洋訳、紀伊国屋書店、二〇一一年）参照。

2　『雇用・利子および貨幣の一般理論』（ジョン・メイナード・ケインズ著／間宮陽介訳、岩波書店、二〇〇八年）。

3　『経済と文明』（カール・ポランニー著／栗本慎一郎・端信行訳、筑摩書房、二〇〇四年）第四部「古代的経済――結論・非市場経済の普遍的諸制度」によれば、「一般的にいって、貨幣というのは言語や書くということか、秤量や尺度に似た意味論上のシステムである。この性格は、貨幣の三つの使用法、すなわち支払い、尺度、交換手段のすべてに共通している。古代的貨幣は、社会構造をかためるというただ一つの影響力をもつものなのである。」

4 ケインズとウィトゲンシュタインの日常言語による方法論の類似性については、John Coates, *The claims of common sense- Moore, Wittgenstein, Keynes and the social sciences*, Cambridge University Press, 1996. を参照。

5 西部邁は『ケインズ』(岩波書店、一九八三年、新装版:イプシロン出版企画、二〇〇五年、第五章　経済学)で以下のように述べている。「貨幣は、不確実な未来にむけて人間が企投するための媒体であるとともに、慣習的に確実化された過去によって人間が被投されているということを確認するための媒体でもある。」

2章　自由論の系譜

この章では、社会科学の方法論に焦点をあてつつ、自由放任から市場介入へという自由論の系譜をたどってみることにする。「過去百年以上にわたって我が国を支配してきた哲学者たちが同意してきた、個人主義と自由放任という言葉でひとまとまりに表現される思想」の源泉はデイヴィッド・ヒュームであるとイギリス人のケインズは言う。それゆえに、この自由放任の思想の歴史的な背景を探ってみる。

1　普遍的な価値

現代の国際社会において共有されている価値は、民主主義と自由主義である。民主主義は、統治と自治に関連しており、政府と会社における組織の自律的な統治が問題となる。一方、自由主義においては、地球規模での経済統合が進んでいる現代においては、人びとは苛烈な経済競争を強いられており、世界の多くの国において労働者の間での所得の格差が拡大している。その結果、個々人やその家族の生活そのものが脅かされており、各国の政府は、国民の安心・安全を確保するために雇用を創出する責務をおっている。しかしながら、現実には多量の失業者が生じて国民の生活の安全を損なっており、雇用を創出し失業をへらすための政策により人間の安全を保障することが、各国の政府において差し迫った課題となっている。

政府による強制からの自由を金科玉条とする消極的な自由という思潮の社会への敷衍により、国家の秩序は揺らいでいる。二〇世紀初頭の歴史は、放縦な自由主義が、民主制の下の社会においてこそ維持される自由の礎を危うくしてしまい、権威主義や全体主義への扉を開いてしまうことを明らかにしている[1]。自由放任主義は、さまざまな人びとがくらす社会から有機的な統一を奪ってしまうのである。

国家は、個々人やその家族の生活の場から生成し、新たな社会に進化する。市場は、事態の変化に柔軟に対応するための制度として進化していくが、市場における価格の伸縮性とは、現代においては慣習的な枠組によっておおよそ予定されている微細な変化にすぎない。特に、以下の議論においては国家のはたすべき役割を国民の生活水準の量および質の向上とその安定とみなす。したがって、国民の代理機関としての政府が商品やサービスへの需要の構成と水準に影響を与える役割と国民の所得を再分配する機能に焦点をあてて議論を展開する。政府は社会の富を最大化するためにその役割をはたすが、その最終の意思決定の場において個々人の権益を拡大するための権力の掌握をめぐる政治の闘いの場にしてしまうこともある。

2　自由主義の変容

ここでは、アイザリア・バーリンの『自由論』にしたがって[2]、自由という概念を積極的自由と消極的自由とに焦点を絞り、歴史的な展開をふりかえる。そして、政府の市場への介入を唱道した積極的自由主義者ケインズと、政府による強制からの自由を唱道した消極的自由主義者ハイエクの相違は、慣習の安定性への不信と、自生的秩序とみなされる慣習を含む制度の安定的な進化への信頼に由来することを明らかにする。

ケインズは、『一般理論』において「危険なのは、既得権益ではなく思想である」と記したのであるが、本当に危険なのは、信念と化した思潮である。

自由主義は、ケインズの登場、特に『自由放任の終焉』の出版によって、大きくかわった。積極的自由における積極性とは、自己を自分の行為の道具でありたいという願いに基づく。この積極的自由は、民主主義における政治参加に結びついており、個々人が、自身の主人であるならば、政府が各個人を奴隷に貶めることは理念上許されてはいない。

いいかえるならば、ジャン＝ジャック・ルソーの社会契約論によれば、積極的自由の規範は共同体の善を優先する一般意志に基づいて各個人が政治参加することを意味している。ところが、消極的な自由を主張する自由競争・放任思想が支配している社会は、失業している人びとが少ない社会を実現できず、社会の不安定性により民主主義は壊れていき、結果的に自由な社会も崩れてゆく。

この視点から、以下では自由放任の思想の歴史的な経緯を探ってみる。

ルソーの『社会契約論』がはじめて出版されたのは一七八九年に勃発したフランス革命の直後である。革命の大義は、つい最近まで流通していて共通通貨ユーロにとってかわられたフランスフランの硬貨に刻印されていた自由、平等と博愛であった。人間はいかにしてすべての人びとに自由と平等を保障しうる国家を作りうるのだろうか。その答えは、ルソーによれば、「全体的な意志」を礎とする直接民主主義に他ならない。直接民主主義においては、個人の意志でありながら同時に共同の意志であるような意志、「全体的な意志」があると想定する。すべての契約に参加する者が、共同の意志をもつとすると、この共同意志においてあらゆる人間は完全に一致し、共同の意志の現れである国家・政治的な主権は、個々人の意志をそのまま実現させる。

すなわち、共同の自我を実現するように構成された国家は、共和国の国民によって形作られ、国家との契約を可能とする「全体的な意志」があることにより社会を形作っている個々人は自らの権利を共同体に委ねるのと同時に、国民自らが主権者となる。この場合に、「全体的な意志」とは、同時に個々人の利益を実現するものであり、主権者は、それを形作る個々の人間なのであり、その利益に反するものはない。法と共同での防衛があってはじめて、人びとが「全体的な意志」の名のもとに、生命や財産のすべてを共同体の主権者に委ねることができる。

主権者は、共同して防衛する組織を形作る限りにおいて、絶対的な権力をもたねばならない。社会契約によって形作られた国家は、「国家への自発的な服従」を要求する一方、個々人は平等と自由のために働く「全体的な意志」にすべてを委ねる。契約によって一つの国家を形作るという行為が明らかにすることは、人間性に根拠をもつ共同性への信頼であり、権力を執行する機関への信託でもある。国家の合法性は民主主義とかけ離れてはありえず、国家は個人の生活や内面にはかかわらない。

ルソーにおいて、政治過程は人びとの選好を満足させることによって人びとの役に立つ単なる手段ではなく、人びとの選考を変化させるものでもある。民主主義に礎をおく社会においては、人びとはよりよい教育をおさめ、より忍耐強く協力的である。そして、彼はそこでは啓蒙の時代の新しい価値を享受できる能力をもつ新たな人間が生み出されていくと考えた。

3　神の前における自由から世俗的自由へ

ヨーロッパの中世において人びとの信念や道徳は、カトリック教会という社会制度において統御されていた。中世的な思潮が、キリスト教の教会や国王の権力を是認するために使われており、当時の自由主義は中世的なものすべてに抗した[3]。

ところが、神の前の平等というキリスト教の影響のもと、人間は生まれつきに平等であり、生まれた後の不平等は社会環境の産物であるという信念が流布していた。かくして、知的で倫理的な個人主義と秩序ある社会生活とを調和させる思想の出現が望まれていた。このような中で、フランスに生まれて一七世紀中期に活躍したデカルトの「われ思うゆえに、われあり」という個人主義的な省察が生まれたのである。

他方、一七世紀後期に活躍したイギリス生まれのジョン・ロックは、哲学上の自由主義の創始者とみなされており、政治哲学における影響はあまりに大きい。それは認識論における経験論にも及んでいる。ロックによれば、我われに快楽をもたらすか、あるいはそれをふやすか、あるいは苦痛をへらすものを我われは「善」とよび、真の幸福を追求することの必然性が、あらゆる自由の礎であるとみなした。すなわち、我われのもろもろの情熱を統御することは、自由を正しく改善することなのである。ここでの自由とは、「見せかけの善」に惑わされずに身近な欲望の満足を抑制できる能力のことである。

ロックにおいては、個々人は生命の維持を礎とする自由・所有の自然権をもち、相互にこの自然権を尊重しながら平和に社会でくらしている。生まれつきの本性により人間は社会性をもつが、抵抗権は国家の主権者たる国民にある。ロックの想定する自然状態は、古代のローマ法からうけつがれた自然法が律する社会である。人間は肉体をもち、肉体の労働が生み出す産物を所有する。人間は、労働によって生計をなし平和に共存して日々くらしている。この労働する人びとは、相互に合意を交わして、個々人の財産を守るための社会を形作るし、財の保護や安全保障の確保のために人間は統治機関となる政府を信託して国民となる。これは、一六八八年のイギリスの名誉革命の思想の表明となっており、近代の市民社会を誕生させた新たな人間賛歌でもある。

ロックによれば、知識は知覚に依存する。経験は感覚と省察からなり、味覚、視覚、聴覚、触覚や嗅覚などの感覚によって、甘い、赤い、心地よいとか三角や四角という観念をもち、人間は、省察によって思惟や意思決定をおこなうことができる。人間には、自己の有限性を受け入れながら人間を愛する悟性がある。この悟性とは、理性でもあり抽象や推理を含む論理的思考能力であるが、経験を超えた形而上学的な世界を認識することはできない。

観念は、すべて経験による。人間がものを考えるときの知性の対象である観念が、論理学と数学を除くすべての知識において経験に基づいている。したがって、知覚は、知識に向かう第一歩であり、また知識のあらゆる材料の受け入れ口であると彼は考えたのである。人間は、自己の有限性を受け入れながらも、精神の最高の能力である悟性をもち、この能力を使うことによって、生まれながらの印象の何らの助けなしに人間がすでにもっているすべての知識に到達することができ、また確実性に到達できる。

この言説は、ロックが、近代のコモンセンス学派の先達でもあることも示している。

ロックはまた経済政策において、認可された独占権から生じる権益を制限することや、租税を課すことは議会の権限であることを国王に認めさせようとした。また、彼は宗教上の寛容や議会制民主主義の進展、さらに通商に関する国家の介入の制限を提案した。すなわち、政治の自由に関しては自然法の考えを一歩進めて市民の権利を主張し、金利に関しては法定金利の撤廃と自由な商品の取引を提案した。

さらに、敬虔なプロテスタントであったロックにおいて、自由意志とは身近な欲望の満足の充足を抑制する能力のことであった。ちなみに、一六八九年に発表された『寛容に関する書簡』において、ロックは、国家と市民、市民と市民の間でも寛容が認められるべきで、その寛容はイスラム教徒やユダヤ教徒にまで拡げられるべきであると主張している。

しかしながら、真理は確証しがたいものであり、合理的な人間ならば若干の懐疑をもちながら自説を唱えるものであるとロックは書いている。

4　ヒュームの自由主義

イギリスのスコットランドに生まれて一八世紀の中期に活躍したデイビッド・ヒュームは、ルネ・デカルトの自我を否定して帰納と因果関係の根拠に疑問をなげかけた。ヒュームは、ロックから素朴な懐疑論をうけつぎ、自然法を排除することによって透徹した懐疑論を展開した。

ロックにおいて、物そのものは、観念の対応物でなく観念をひきおこす原因である。ジョージ・バークリーでは観念だけが実在であるとされ、外的な物質の存在は否定されていたが、ヒュームでは観念と知覚印象が区別された。

ヒュームによると、いかなる場合にも、私は知覚なしに自分自身を捕えることは決してないし、知覚以外のいかなるものも決して観察することはできない。自我はさまざまな知覚の束あるいは集合にほかならず、それらの知覚は考ええないほどの速さで相互に継起しており、絶えざる流動と運動の中にある。このようにして、ヒュームは心理学から実体という概念を追放してしまったのである。

ヒュームに影響を与えたバークリーは、ニュートン物理学の栄光に抗して、感覚しうる事物が存在するとは知覚されることにあると考えた。いいかえると、直接に知覚されるものは、何であれすべて観念であると主張し、彼は物理学から実体という概念を駆逐したのである。バークリーは、我われが認識しうる事物は、さまざまな感覚しうる諸性質の束であり、感覚を通してしか事物を知りえないという事実を解釈して、事物があるということから始める推論を放棄し、知覚における直接的または能動的な意識の対象である感覚所与を明らかにしようとした。

バークリーによれば、世界は観念であり、たとえば私が机を叩いてその硬さを認識したとしても、それは机の固さとしてではなく、知覚として認識しているにすぎず、机自体を認識していることにはならない。彼は、物質を否定し、知覚する精神を実体とした。経験におけるある種の近接性は、空間的な接触だけでなく時間的な接触でもある。かくして、自我が実体であるならば、知覚は主体と知覚表象との関係である。この知覚表象とは、時間的に前後の区別がある個別的な出来事であり、推論をへずに知っている出来事である。推論を演繹だけに限るならば、世界は、我われが知覚した出来事ということになる。

ヒュームは、このバークリーの物理的な因果関係の否定を精神的な因果関係の否定にまで拡大した。彼は、『人間本性論』を一七三九年に出版した。この著作は、神の支配する世界から個人的な市民の解放という色彩を帯びており、精神は肉体に結び付けられている。

また、ヒュームは、純粋な理性は社会秩序をもたらすのに必要な道徳的で法律的な規範を先験的にきめることはできないとした。すなわち、人間における伝統、経験や一般的な統一性は、しかるべき社会的な行為への指針をもっている。合理性は、啓蒙主義者によって理性に基づいて主張された誇張を打ち消すために使われるべきであるとヒュームは考えていたのである。

しかしながら、社会秩序のしかるべき構造についての普遍的な言説をおこなうことから理性を取り除くと、伝統的な過程の中で与えられた規則の構造を社会科学者は受け入れることになる。

いいかえると、ヒュームは、主体と客体（対象）という範疇は基本的なものではなく、デカルトの自我・

コギトを、すなわち疑い続ける理性の絶対性を否定し、「理性は情念の奴隷」であるとする懐疑論を展開した。彼にとって因習は、契約的に作り出されたのではなく、人びとの行為を律し、人びとに共通の利益をもたらしており、慣習的ルールが慣習法となる。

ヒュームは、人間がいくら私欲を追求しようとも公益をはかることが、私益になるという社会制度により、平和、自由および正義が実現されることを期待した。他者との感情の共有とその慣習化により社会的な認知からの約束の体系としての規範が生じると考えた。

ところが、他者への共感という感情はあまり強いものではなく、私益こそが自分の行動をきめるうえでの要である。しかしながら、共感はどんなに弱くとも、我われの倫理観を一致へと導く共通の礎をなす。共感という能力をもつ人間は、共通の正義の概念に到達する見通しをもっている。倫理はその存在理由が欲求を満たす慣習の具体化であり、人びとが倫理に従うのはそれが利益をもたらすと考えるだけでなく、他の人びともその倫理に従うべきであると考えるからである。社会的な規範は倫理につぐ性格をもち、社会的な慣習は正義の規範となる。ハイエクの言葉をかりると、ヒュームは「人間が服従する規則と、結果として形成される秩序の関係を明確に認識したごく少数の社会理論家のひとり」である。[4]

すなわち、自生的に形作られた慣習法という支配の下でこそ、人びとは真の自由を享受できる。制度は、試行錯誤的に作為され、適応しない個人的な習慣や社会的な慣習は時間をへて淘汰されるという。

ところで、無神論者であったヒュームの懐疑論は、現象界に確かな秩序や法則を見出すことは不可能であることを示し、ニュートン力学に真理の保証がないことを暴露し、結果として、神の存在をも否定していた。

このヒュームの懐疑論から信仰と力学の両方を救うことが、エマヌエル・カントの問題意識であった。カントは、純粋理性批判の枠組みにおいて、一方で形而上学において正しい先験的判断ア・プリオリがあると信じたが、他方で、ニュートン力学の認識論的な根拠づけをおこない、純粋理性そのものが妥当する範囲を形而下の領域に限定した。カントは、これにより無神論から形而上学の神を守り、キリスト教の信仰の余地を残そうとしたのである。

さらに、ヒュームにおいて因果関係は、論理学のように根拠と帰結との関係と同一視することはできない。デカルトにおいて、原因と結果との関連は、論理的関連が必然であるのと同じように必然であるとみなしていたが、事象αと事象βとをただ観察するだけでは、事象αが事象βの原因になっているとは知覚できない。原因と結果とは、経験からのみ知りうるものであり、推論や省察からではない。

ヒュームは、「知識と蓋然性について、Of Knowledge and Probability」において、蓋然性 probability とは、論証できない推論によって経験的データからえられるような知識であり、将来に関する我われのすべての知識や、過去および現在の観察されていない諸部分に関する知識に関連していると考えている。因果関係の特徴は、「でなければならない」と考えたが、原因と結果の間に必然的な結合と言えるような結びつきはなく、事物は我われにそのような印象を与えないと論じ、「である」、あるいは、「起こる」

でしかなく、「相違ない」は存在しないとヒュームは主張した。

一般的に因果関係といわれる二つの出来事のつながりは、ある出来事と別の出来事とが繋がって起こることを、人間が繰り返し体験的に理解する中で習慣によって、観察者の中に「因果」が成立しているだけのことであり、この必然性は精神の中に存在しているだけの蓋然性でしかなく、過去の現実と未来の出来事の間に必然的な関係はない。原因と結果とを繋いでいるのは、経験にもとづいて未来を推測する、という心理的な習慣にほかならない。それまで無条件に信頼されていた因果律について、単なる連想の産物であると見なしたことにより、ヒュームのこの考えは懐疑的とみなされた。

ヒュームによれば、帰納法とは結合的に生じる事例を十分な数集めれば、ある出来事が起これば、それに応じてある出来事が起こるという蓋然性がかなり高まるであろうということである。

したがって、因果関係は、究極的には習慣や連想の諸法則によって説明されなければならない。将来が過去に類似するという想定は、いかなる種類の議論にも根拠づけられてはいないのであり、まったく習慣から導き出されたものにほかならない。この立場によれば、帰納法とは、過去の個別事象から未来の一般化への推論にほかならず、帰納的推論の妥当性は、演繹的には論証できない蓋然（確率）的なものとして認められるだけである。問題となるのは、我われが直接知ることができる知識（命題）と、その知識を前提として、議論を通じてえられる知識（命題）との間の蓋然的な関係である。

ヒュームは、すでに、命題間の蓋然性を帰納と推論によって判断することの困難さを指摘していたのである。

かくして、ヒュームは、理性は情念の奴隷であるという冷笑主義者、蓋然性に関する懐疑主義者であり、無神論者とみなされることになった。

ところで、ヒュームは「グレート・ブリテンの諸党派について」において、自由について以下のように捉えていた。

思考する自由、また、我われの思考を表現する自由は、常に聖職者権力と、その基礎である敬虔な欺瞞にとっては致命的である。だからあらゆる種類の自由の内に広くみられる不可避な関連によって、この思考と表現上の自由という特権は、自由な政体以外において享受されえないものであり、少なくともこれまで享受されたためしがない。三体制の中での共和制的な要素の優位によって統治が自由であったがゆえに、制度的キリスト教は自己を拡大することが可能となった。

さらに、ヒュームの求める政治的自由は、市民の社会活動における「状態としての自由」をめざしており、「統治の起原について」では以下のようになる。

あらゆる統治には、「権威」と「自由」の、公然たる、もしくは隠然とした不断の内部闘争がある。しかも、その経緯においては、権威と自由のどちらもが絶対的な勝利を得ることはまず不可能である。自由の大きな犠牲はどの統治においても必然的に行われるに違いない。……統治の通常の過程では、それらのメンバーは前もってすべてのメンバーとすべての被治者とに知られている一般的で平等な法によって行動しなければならない。この意味で、自由は文明社会の完成であることを認めなければならない、と言うべきだが、にもかかわらず、その文明社会の存在そのものにとって、しかしそれでもなお、権威は政治社会の存続そのものにとっての不可欠であると認めなければならない。

権威主義は民主主義に対抗する概念の一つであり、自由主義が民主主義とどのように共存しうるかが問題となる。

文明社会は、イギリスにおいて名誉革命により正統な政府が樹立され、人の支配から法の支配へと移行することによって成立したのである。注意すべきことは、ヒュームは、政体に関して知性や理性の働きに意志や感情よりも重きをおく主知主義による国家の介入主義を否定したが、ヒュームの懐疑論においては、自由放任主義もないということである。ちなみに、ヒュームは「完全な共和国についての設計案」では、フランスとイギリスで共和政が可能であるとしているし、さらに、「政治的自由について」で、以下のように述べている。

商業は、自由な政体以外においてはけっして繁栄することができないということは、既定の見解となった。しかし、この見解は芸術と学問に関する前述した見解よりも、長く豊かな経験に基礎をおいていると思われる。

しかしながら、「商業について」でヒュームは以下のような懐疑論を披露している。

庶民の貧困は、絶対王政の不可避の結果ではないとしても、それにつきものの結果である。もっとも、他方で私は、庶民の富は自由で確実な結果だということが常に真かどうかということには疑問をもつ。

また、ヒュームは、日常的な行動論の範囲において目的論抜きの行動論的な自由論を提唱し、この自由論は秩序をもとめる市民に受け入れられた。この自由は、社会を維持するために人間がその想像力で作り出した多くの価値の一つとなったが、ヒュームによれば、自由は行動の能力というよりもその結果の状態そのものである。

5　消極的自由としての自由放任

自由放任 *laissez-faire* とは、制限的法律、租税、関税や政府の独占を含み、個人や会社間の取引に国家からの介入がない状況を表している。歴史的には、自由放任の思想は、一八世紀後半における重商主義を批判した重農主義から始まっている。

一七世紀後半にフランスの財務総監であったジャン＝バティスト・コルベールは重商政策を推進した。彼は、輸出のために奢侈品の生産を奨励し、他方で農業の生産に介入して農産物の輸出を制限した。この政策は、産業資本主義の育成のために農産物の輸出を制限して穀物ではかられる労働者の実質賃金を低く抑え、工業製品の輸出競争力を維持するためでもあった。

ところで、近代社会の自由主義は、一七世紀にフランスで生まれた民主主義にイギリスの伝統である個人主義的な自由が加わって成立した。自由や平等は人間における生まれながらの権利であり、国家の秩序はこの基本的な人権に基づいて維持されなければならないというフランス革命の思想は、人間の魂は神の前で自由で平等であるというキリスト教の信仰を離れてはありえない。

ハイエクによれば、「人格的自由という自由主義的理念はイギリスではじめて定式化されたのであって、イギリスは一八世紀を通じて羨望の的となった自由の国であったし、イギリスの政治制度と政治学説は他国の理論家にとってのモデル」となった。

一八世紀初期の自由主義は、宗教的寛容に代表され、宗教戦争を狂信による愚行とみなした。この時代の自由主義は通商と産業を高く評価し、勃興しつつあった中産階級である産業資本家を支援しつつ、財産が所有者自身の労働によるものとして、財産権の確立に力をかした。このような状況が、一六九四年の英国銀行の設立や一七〇九年の東インド株式会社の創設の背景にある。

一七七六年にイギリスのスコットランドにおいてアダム・スミスは、『国富論、諸国民の富の性質と原因に関する研究』を出版して、経済における自由な商品の取引において市場を通じた「みえざる手」により社会の調和がもたらされることを主張した。もっとも注意すべきことは、スミスはこの本の中で「自由放任」については直接には言及していない。

ところで、資本主義社会の礎である市場や貨幣は、もともと国家の枠組みなしでも機能するが、国家のもとでその力をいっそう発揮してきた。市場とはいうまでもなく、人びとが商品を交換するところで、物と物を交換する場として成立したのであるが、貨幣が登場することにより物と貨幣を交換する場へと発展した。

スミスは、『国富論』において「あらゆる国民の年々の労働は、その国民が年々に消費する一切の生活必需品および便益品を本源的に供給する資源であって、この必需品および便益品は、常にその労働の直接の生産物か、またはその生産物でほかの諸国民から購買されたものかのいずれかである」と書き、政府の介入を伴う重商主義政策を批判して、産業資本家の権限を強めるべく自由貿易を提唱した。このスミスの分析には重農主義の影響がみられ、労働こそが富の源泉であることが的確に捉えられており、社会全体における分業と協業による取引の利益も明らかにしている。すなわち、彼は市場における価格機構を通じた情報のフィードバックによって社会における分業と協業を説明したのである。

また、スミスが『国富論』において「みえざる手」とよんだものは、この市場機構そのものであり、社会の予定調和・ハーモニーはさまざまな商品やサービスの価格が需要と供給に応じて上下に伸縮的に変動することによって達成される。すなわち、人びとが自己の欲望にしたがって、社会においてさまざまな商品を生産し消費をおこなう社会が、思いやりをもつ利他主義的な共同体における経済システムより生産量と社会調和において優れていると主張したのである。

スミスはまた国家が行うべきことを、防衛や司法と交通、通信や教育などの社会資本の整備・維持に限ることを提唱した。スミスの重商主義政策への批判は、貨幣政策、関税政策、租税改革および国債の発行等について展開されている。重商主義は絶対王政のもとで貿易により財貨をえることで一国の富を増大させようとしたが、その政策の結果として、逆に貨幣である金が大量に国外に流出し、軍事支出の増大とともにイギリス経済を疲弊させた。批判の対象としたのは金の改鋳であり、スミスは、政府の介入という関税の撤廃、そして、租税改革と戦費の調達のための国債の発行の停止をもとめたのであった。

このようにしてイギリスでは、一七世紀前半に経済における国家の介入を排除するマンチェスター学派が興隆し、穀物条例廃止による自由貿易を提唱した。

スミスの自由論は、想像力により立場を置き換えてみる立場の交換という視点からなされている、この立場の交換からの共感により公平な観察者の共感にいたることが可能となり、正義の根拠はこの公平な観察者の同意と自己規制によって与えられることになる。この正義論は、ジョン・ロールズが一九七一年に出版した『正義論』に影響を与えている。

スミスは、社会が権威と功利の原理によって形作られるとし、法は社会にとって重要であり社会の主柱であるとみなしたが、他方で法はさらに根底において共感を必要とする。この共感こそが社会にとって重要なのである。市民社会を分業と協業による市場の発達に求めたスミスは、市場における交換に共感の働きを見ていた。スミスは共感の原理を利己心と利己心をつなぐ原理と考えていた。

6　功利主義と社会進化論

ヒュームの自由論に影響されて、ジョン・ステュアート・ミルは、『自由について』を執筆し、一九世紀後半において自由主義と功利主義に基づいて社会の進歩を構想した思想家であった[5]。ミルは、道徳科学 moral science を唱導し、経験論の観点から社会問題を分析した。ミルの自由主義は、ヒュームと同じく、思想と言論の自由を主張したが、彼の道徳科学の方法論は帰納法であり、人間の行動様式を分析し、経験的な様式に基づいて予測することであった。帰納法は正確さにおいて劣るとしても、演繹に劣るものではなかった。具体的には、自然の斉一性の原理の導入により、ヒュームの帰納法の否定を排除した。この原理により経験的データ・統計を利用した実証研究が展開されていった。

スミスによる自由主義では、個々人が自分の利益を追求し、一定のルールに従うならば、社会に予定調和という公共善がもたらされると考えた。さらに、ミルは、自然法的な思想に抗したベンサム流の功利主義を修正し、人びとが快楽を求め、苦痛を避ける生き方を正しいとしているわけではなく、「最大多数の最大幸福」の理念のもとに、功利主義を立法や道徳の規準にしようとした。したがって、これは単なる快楽主義などではなく、ミルは「満足した愚か者ではなく、不満足のソクラテスたれ」と書いた。

さらに、ミルは快楽の質の相違から客観的基準を示した。ミルは、人びとの快楽や苦の量的な換算や計算を可能であると考えていた。この立場によれば、法律と社会の枠組みを各個人の幸福や利益と社会の利益が調和するようにしなければならず、さらに、教育や世論により各個人の幸福と公共善が一致するように、各個人が行動するように誘うことが必要となる。

また、所得の分配に関して、ミルは、『経済学原理』において「私有財産の原理はこれまでどの国においても公正な吟味を受けたことは一度もない」と述べている。さらに、租税に関しては、所得に応じて同一の税率をかける比例所得税を提案し、所得が高くなるにつれて税率があがる累進課税は、労働者や会社経営者の勤労意欲を減退させるとしているが、自由放任主義からは距離をおいている。

功利主義とは制度やルールを改善していくことであり、ミルの経済学では実証性と規範性が共存している。そして、富の公平性、女性の権利や教育を受ける権利が、ミルにとっての重要な社会問題であった。

ところで、一九世紀の後半に、自由放任主義の唱道者であるハーバート・スペンサーは、社会における適者生存という社会進化論を発表し、チャールズ・ダーウィンの進化論に影響を与えた。この適者生存という概念は、淘汰を意味している。さらに、維持、分配と規制の各システムから、社会システムの「構造と機能」を分析上の中心的な概念として社会有機体説を唱え、この点で彼は現代社会学における構造機能主義の先駆者とみなされている。

スペンサーは、人間の幸福とのかかわりで捉えられる進歩の概念は目的論的であるとして、利害を離れて考察することによって変化の本質を捉える必要があることを主張し、あらゆる有機体の歴史は構造における同質性から異質性への変化であるとした。社会も単純な家内工業から機械工業へと複雑化する。未開から文明への変化は、単純から複雑への変化である。その複雑さ、多様性こそが人類がめざすべき理想の社会となる自由主義的な国家となる。

ハイエクは、この進化論を社会における制度の進化論として継承している。

7　政府による強制からの自由

慣習や習慣を含む制度の安定的進化への信頼が、自生的秩序としての市場であり、言語である。

ハイエクは、社会のルールの多くは人間の意図的な制作物ではないが、ルールに従うことが公正であり正義となると言う。人間の自由は、ルールの制約のなかにある。人びとの行為を動機づける感覚的な属性の安定した諸観念から出発し、これらの諸観念を構成して自生的秩序なる社会構造を解明しようとしたハイエクは、「真の個人主義と偽りの個人主義」で以下のように述べている。

> 自由主義の社会観は、個人主義にもとづいており、「いかなる人も、他人が所有しているか、もしくは行為することを許さるべき諸能力について、最終的判断をくだす資格をもたない」

自由な社会において、人間に利益をもたらす知識や規則は、時間・空間の履歴をへて習慣とか伝統になる。この社会観は、進化論的な自由主義とよべるものである。歴史の中で緩やかに変化する慣習や伝統という知識は、実践において習得され、世代をこえて伝えられていく。それらは、社会において人びとが秩序の中にくらす際のルールでもある。

市場における競争は、自己の利益をめざす人びとを目覚めさせ、自分ではなく他の人びとが望む物を原材料から生産する。自分がきめる数量ではなく、他の人びとが決める数量が市場では生産され、自分がつけたい価格ではなく、他の人びとが自分の作った物を評価してつける価格で市場では商品が取引される。

ハイエクによれば、「市場というのは特定の商品に関心を持つすべての人びとに対して、この商品に関連する要約され凝縮された形の情報を伝達する一つの手段」である。彼は、市場機構を広大な社会に広く分散している個々人や団体にある知識や技術が相互に効率的に伝達され、社会的に利用できる形に変えてく一つの体系であるとみなしている。いいかえると、市場におけるさまざまな行為者による自由に創意・工夫された競争によって、ある特定の場所における固有な状況における知識や未知の法則の発見が、社会全般に共有されるようになる。倫理・道徳や法は、この市場と共存し、市場をよりよく機能させる自生的な秩序である。さらに、伝統、言語や宗教も、より基本的な自生的秩序である。この自生的秩序とは、人類のある一部の人びとが採用し、歴史の彫琢をへて次第に定着させてきた行動規範の体系である。

政府による統制に反対し競争的な市場の原理を多くの人びとが受け入れる、より自由な社会体制を望んだハイエクは、「自由のユートピアン」である。そして、「自由企業と競争的秩序」『個人主義と経済秩序』において、ケインズの有名な「よかれ悪かれ危険であるものは、既得利権ではなくて、思想である」を引用した後に、以下のようにハイエクは主張する。

もし自由社会が維持され、あるいは再興されるべきものであるとするならば、我われが広めなければならないのは信念なのであり、関心をもつべきことは当面なにが実現可能かということではないのである。

ハイエクは、一貫して自由主義の市場社会を擁護し、「誤って自然科学の方法と信じたものを社会科学者が模倣している」と主張して、理性による社会管理を主張するマルクス主義や、技術官僚が財政・金融政策によって経済を調整しようとするケインズ主義を設計主義と批判した。ハイエクはまた専門用語など人工言語は設計主義の一部とみなし、日常言語を使うことが「暗黙のルール」に従うことになると考えていたのである。

ところで、ハイエクの社会科学の方法論は解釈学に類似している。彼は、社会を形作っている個々人の行為は、感覚的性質と概念の体系に基づく事物や事象の分類に従っており、この体系は共通の構造をもっていて、我われもまた人間であるが故にこの体系を知っていると考えた。さらに、彼は、さまざまな個人がもっている具体的知識が重要な点で相違しており、外部の対象に対する人間の働きかけばかりでなく人びとの間のあらゆる関係そしてあらゆる社会制度もまた、それらについて、人びとが考えていることによってのみ理解できると考えていた。

社会はいうなれば、人びとが抱いている概念とか観念によって作り上げられており、社会現象は人間の意識の中で反省されることによってのみ認知され、意味をもちうるのである。

しかしながら、ハイエクは、ケインズ経済学の評価を「ケインズ革命は、適切な科学的方法についての誤った観念が、それ以前に我われが獲得していた、そして、苦労して再び獲得しなければならないであろう多くの洞察の一時的な抹殺へと導いた、ひとつの挿入劇」に過ぎないと断じている。

つぎの章以降では、ケインズの経済学は、一つの挿入劇であったかどうかを社会科学の理論から考察する。

注

1 『自由からの逃走』(エーリヒ・フロム著/日高六郎訳、創元社、一九五二年)参照。

2 『自由論』(アイザリア・バーリン著/小川晃一・福田歓一・小池銈・生松敬三訳、みすず書房、一九七一年)。

3 歴史を引き継いでいない現代の自由主義の多様性を揶揄して、半澤孝麿は、『ヨーロッパ思想史の中の自由』(創文社、二〇〇六年)において、かりにロックが生きていて、あなたは「自由主義者か」と尋ねられたとして、驚いて即刻否定する、ということは大いにありうると述べている。

4 「デイビッド・ヒュームの法哲学と政治哲学」『市場・知識・自由——自由主義の経済思想』（フリードリヒ・フォン・ハイエク著／田中真晴・田中秀夫編訳、ミネルヴァ書房、一九八六年、所収）を参照。

5 ミルは、オーギュスト・コントに影響されている。コントの貢献とその批判は、『科学による反革命——理性の濫用』「第六節 社会学＝コントとその後継者」（フリードリヒ・フォン・ハイエク著／佐藤茂行著、木鐸社、二〇〇四年）参照。

3章　ケンブリッジにおける日常言語学派

世界についての個々人の常識的な知識は世界の類型性についての構成概念の体系である[1]。

過去一世紀以上にわたり、社会科学は人間の個人行動における合理性と反合理性という前提の狭間で揺れてきたが、分析哲学の限定的合理性とポスト構造主義の反合理主義の間にコモンセンス学派はいる。

1　コモンセンス（常識）学派

ケインズとウィトゲンシュタインに影響を与えているコモンセンス学派の方法論の背景を探ってみよ

う。

アリストテレスは、共通感覚 sensus communis の概念を定式化し、キケロに影響を与え、さらにコモンセンス学派に影響を与えている。彼は五感に共通している感覚があり、それぞれの感覚を同一の対象の感覚として統合するものを共通感覚とよんだ。具体的には、感覚には五つの感覚があり、感覚の間の比較や関係を感覚器官によって感じることができる。その対象は運動、静止、数量、形や大きさの五つがある。ついで、自然法思想の起源をなし「自然の光」に照らされた理性的な判断は、「万人の合意 consensus omnium」をもたらすと説いたストア学派から、sensus communis として現在に繋がる人びとの間で共通する感覚・判断という意味合いが生じた。特に、それを受けてキケロに代表される言語表現の技術に重きをおく修辞学の伝統において、この意味における sensus communis が重視された[2]。したがって、共通感覚とは五感をまたはそのいずれかを複合的に組み合わせて発揮してきた知覚のことをいうが、コモンセンス学派とは共通感覚に基づく常識派と定義できる。日常言語の言説によるコモンセンスに裏付けられた社会における常識により制度は設計され緩やかに変化する。コモンセンス学派において、個々人は、自己の存在を直観的に確信し、眺め感じることができる物体があるという確信をもち、道徳や宗教的な信仰が拠って立つ日常的な経験をもっている。

イギリス経験論において、概念は、主観が個物からなる対象世界を任意に切り取って、そこに外的に付与したものであると考える立場にあるギリシャ哲学の唯名論をうけついでいる。抽象認識は、曖昧な認識であり、真なる認識の唯一の源は直感であり、認識の対象たる実在はただ物そのものである。この学派の一部に、コモンセンスという共通感覚に基づく常識と日常言語を、森羅万象を理解する方法とするコモンセンス学派がいる。

この見方は、バークリーやヒュームにつながる懐疑論へと導く観念の体系への一つの対抗である。コモンセンス論者は、懐疑論は愚かであり、個々人の共通の経験に反しているので放棄すべきものであると考えている。

イギリスのスコットランドコモンセンス学派の創始者であるとみなされているトーマス・リードは、一七六四年に『コモンセンスの原則に基づく精神の研究』を出版し、緩やかで合理的な思考の礎をなすコモンセンスの一連の原則を利用した。リードによりヒュームの懐疑論への哲学の流れが整理され、常識をもって哲学問題を解決する究極の拠り所としたとき、彼は常識の意味を極限まで高めたのである。

人間には知覚の束を離れた自己があり、コモンセンス以外に共に働く基盤をもたない。この学派において、人びとが共有する本能的な判断能力という意味でのコモンセンスの概念は重要な位置を占めていた。リードは、そのコモンセンスの概念を提示するにあたって、しばしばキケロの sensus communis を引用している。コモンセンスは、社会でくらす人びとが共有し、前提として疑わない認識のことであるから、特定の社会に限定されない普遍性を条件とする真理とは時として異なる。ある認識が真理として認識されれば、最終的にはその認識はコモンセンスの中に組み込まれることになるといってよいが、その過程は必ずしも平坦ではないし、真理として未だ十分に検証されていない認識でも、コモンセンスとみなされる場合もある。

さらに、コモンセンス・常識については、プラグマティズムの創始者の一人であるアメリカ人で、二〇世紀の前半に活躍したジョン・デューイによる二つの解釈がある[3]。第一は コモンセンスとは、特別な知識とか研究によらないで、慎重で健全な判断と多くの人びとがみなす判断であり、人びとが共通にもっているとみなしている知識に依拠しており、日常の事柄を処理する拠り所である。もう一つは、人びとあるいは社会一般に共有されている感覚である。特定の集団においては、この両者は一致する。一般的な賢明さとしての常識は、事物や出来事の意義をなすべきことと結びつけて判断し、一般的な感覚としての常識は活動や判断を方向づけて正当化するために物事への観念を利用する。

デューイによれば、知性はその環境に適応してよりよい生活を営むための人間の手段であり、道具であり、有機体とその環境の間の相互作用の形態である、疑念からはじまり信念に至る探求という過程があり、探求の結果、統一された全体が生まれてくることになる。これが信念である。

探求とは、不確定な状況を確定した状況に、すなわちもとの状況の諸要素を一つの統一された全体に変えてしまうほどに制御され方向づけられた仕方で転化させることである。いいかえるならば、探求とはもとの事態の諸要素を一つの統一された全体に転化させるほどに統御的なあるいは指示的な事態に変換させることである。

ある信念が良きものか悪しきものかが分かるのは、その信念をもつ有機体に、その信念をもたらしたもろもろの行為が、その有機体において満足するものかどうかという道具主義的な有用性による。信念には、満足すべきものと不満足なものがある。この立場によると、探求のためには共同体における制度としての概念が成立する必要がある。真理とは、探求するすべての人びとによって究極的に同意されるべき意見である。

この見解からすると、科学は古い見方を常に投げ捨てる用意をしておかなければならないが、認識論には決してそのような同意はない。社会科学における実証主義者は、あまりに容易に、概念の枠組みから独立した感覚データを識別できると信じている。

2　大陸の哲学とケンブリッジ

この節では大陸哲学のケンブリッジ大学への影響を探ってみる。

ヘーゲルは、一八〇七年に出版した『精神現象学』において、観念論の立場にたつ意識から始めて弁証法により現象の背後にある物自体を認識し、主観と客観が統合された絶対的精神になるまでの過程を段階的に記した。また、彼の死後に発表された『歴史哲学講義』において、世界史は世界精神の理性的で必然的な行程であったという歴史主義を表した。彼によれば、キリスト教によってもたらされた自由の意識が個々人にもたらされ、この自由の意識の個々人への意識への浸透を尺度として、歴史の進歩が計られると考えた。ちなみに、ヘーゲルにおける国家とは自由の主体であり、国家における法への服従にこそ個人の自由がある。

ハイエクは、この歴史法則主義を理論的な科学によって基礎づけられた法則を適用して特定の歴史的な状態を説明しようという試みであるとみなし、社会全体を統一的に理解できるという科学主義に堕していると論難している。

他方、フリードリッヒ・マイネッケはヴィルヘルム・ディルタイの影響を受けて一九〇七年に出版した『世界市民主義と国民国家』のなかで、普遍的に見える市民的な思想が民族や国家の関心と深い関わりをもっていることを明らかにした。さらに、一九三六年に出版した『歴史主義の成立』において、普遍性を求める思考や自然法的な思考に抗して、さまざまな歴史上の人間社会の出来事を彼は個別性の観点から考察した。

ほぼ時を同じくして、マックス・ウエーバーは、一九〇四年に『プロテスタンティズムの倫理と資本主義の精神』を発表した。彼によれば、社会現象の理解の方法は社会現象または歴史的な変動を、個々人の思想、感情、行為や態度などから説明しようとするものであり、これらの要因が社会的な行為における意味ある現象に与えられている文化価値となっている。ウェーバーは、社会的な行為を目的合理的で価値合理的なものと感情的で伝統的なものに区別した。このような社会的な行為の理解は、社会制度の個人への影響を考慮しつつも方法論的個人主義を前提としている。この方法論的個人主義、原子論的な人間観は、古典派、新古典派経済学さらにハイエクを含むオーストリア学派にうけつがれている。

この方法論的個人主義と対概念とみなされている集団主義においては、社会を個人に還元できない独自の存在と見なし、社会全体を考察の対象とする立場である。さらに、ゲオルク・ジンメルの「形式社会学」における方法論的関係主義においては、社会も個人もそれ自体では独自の存在ではないと考え、個人同士の関係または相互作用に社会の存在をみており、個人と社会は貨幣を含む制度という媒体により相互依存の関係にある。

ところで、ヨーロッパ大陸の哲学は、ゴットロープ・フレーゲを通してケンブリッジの論理学者に、フランツ・ブレンターノを通して、ジョージ・ムーアの倫理学に直接の影響を与えている。分析哲学の祖となるフレーゲは、観念に代えて、意味こそが知性と世界を結ぶ媒体であると考えていた。また、意識の哲学ともよばれる現象学は、一九世紀末に主流であった、ジョン・スチュアート・ミルを中心とする経験論に抗するものであった。

フレーゲは、論理実証主義の哲学的立場をなす分析哲学の創始者の一人とみなされ、ブレンターノは、現象学の創始者の一人とみなされているフッサールに影響を与えている。この現代哲学を二分する碩学は、論理の法則が、心理法則に基づくとすれば曖昧なものとなり、先験的な妥当性を失うと考えた。特に、現象学では、意識は経験法則に還元できないし、それによって説明することも理解することもできないと考えていた。

他方、経験論の礎は、人間の精神は所与の知覚により作用するいくつかの心理法則からなるという信念にある。この心理主義は、新古典派経済学における個人の効用に関する快楽主義につながっている。

ブレンターノは、心理的作用を何らかの対象への志向性として定義し、従来の心理的作用から表象、判断および愛憎の類型を提示し、意識とは、何かについての意識であるとした。対象の内容から切り離された志向作用が心理的現象として人間に内在するのではなく、志向性は対象への指示関係を意味する。

ところで、選好や選択という価値行為には自己を疑えないような直接的な確実性をもつ明確な経験が伴うとしたオーストリア学派の経済学は、ブレンターノ心理学の影響を受けておりハイエクへと繋がっている[4]。

ブレンターノの心理学を精神科学の礎として、ディルタイは解釈学を創始し、「体験は、いつも分肢化した統一的な全体」であり、この内的連関を統一的に形作るのが意味であると考えた。すなわち、体験とは意味連関にほかならない。体験―表現―了解の創造的な楕円循環が生の構造であり、人間の生は精神科学において主体であるとともに客体でもあり、了解する主体と客体の同一性を精神科学の礎とした。彼によれば了解が表現を通して表現以上のものを体験していくには技術が必要であり、この技術こそが解釈である[5]。

ところで、フッサールの現象学においては、科学一般の根拠を生活世界の人間の経験に求めた。さらに知の根拠は志向された対象がただ思念されるだけでなく、直観において把握される仕方という明らかな証拠を示すことである。対象はあるがままの自らをあらわす知覚から派生する想像をもち段階的な体系を形作る。すなわち、意識の全体的な連関の中における志向的な分析は、明らかな証拠により構成される体系のあらわれとなる。このことは、いいかえるならば主観性の世界拘束性からの脱却を意味している。

現象学とは、「自己を示すもの」への接近の仕方であり、自己をあらわすものを、それ自身から見えるようにすることである。フッサールは、言語を精神があらわす運動それ自体と、その意味を付与するものとしての志向および意味の充足との合力として把握しようとした。

論理の規則が心理法則に基づくとすると曖昧なものとなり、先験的な妥当性を失い、心理的な状況においてうつろいやすいものになるからである。

論理によって基礎づけられない心理法則は、論理を基礎づけることはできない。

社会科学において、人間の生は省察による自己同一性にあり、このことにより個人の体験は歴史的体験となりうる。しかるに、歴史に拘束された各個人の生の創造的な作用が、いかにして歴史的な知の普遍性をもちうるかが問題となる。ここから、近代の解釈学の大きなうねりが生まれてゆく。

ハイデガーは、ディルタイの歴史了解や自己了解の問題を存在論的構造の主題化へと深め、現象学から事象そのものへと接近する方法を学び、意識の存在そのものを問おうとした。彼は現象学とは自己を示すものへの接近の仕方であり、語りうるものの働きを見えるようにすることであり、解釈のこの働きを通して存在の意味と人間の存在の構造が人間自身によって了解されるとした。

解釈学では、媒体としての言語の役割を重要視し、理解や解釈は言語共同体の中でおこなわれると考える。

ハイデガーは、オーストリア学派が受容した先験的、ア・プリオリの認識論的主張を受け継ぎ、知に先行する解釈学的な状況を設定するのは直観であるとみなした。彼によれば、生活世界という日常的な感覚に根ざした行為の経験があり、人間には自己の可能性に向けて投企する決意こそが、行為の動機である。不確実性のもとで将来における効用を計算できないとすれば、人間は慎重に行動するが、過去の経験が行為の指針をもたらす。人間は、生活世界のなかで歴史、伝統・慣行や規則に拘束されている。しかしながら、これらのもとにおける自己、他者や世界に関してすでに一定の経験や知識をもっている。人びとの行動を理解するためには、彼らの行動が生起する理由を理解しなければならないが、社会科学では彼らの主題への共感が必要となる。

人間・現存在は、世界の中に投げ込まれ、被企され、歴史に拘束されつつも、生の価値を高め、新しい自己実現のために将来にむけて投企しうる存在である。

ちなみに、ハイデガーに影響を受けた和辻哲郎において、風土における歴史、すなわち時間・空間の彫琢、試練により練り上げられることによっても、人間の意識が醸成されるという指摘が、『風土——人間学的考察』にもみられる。彼は一九三五年にこの著作を出版し、主客二元論を超えて人間存在を問い、解釈学的現象学の立場から「人間は風土において自己了解している」とした。すなわち、人間は風土の中に自分自身を見出しており、風土とは、ある土地の気候、気象、地質、地味、地形、景観の総称であり、人間存在の表現として主体と客体の明確に分かれえない時間・空間の履歴において、親密性、ときとしてその敵対性が知覚される人間が生きる環境そのものである[6]。

ところで、解釈学では純粋に行動社会学的な理論は不可能であるか、少なくとも興味深いものではないとしている。社会科学の理論は、主体が理解できる言葉で論述されなければならない。この条件がみたされなければ、社会科学の理論は言葉のおこりうる可能性について統計法則に依存する言語についてのある説明以上の意義をもたない。このことは、社会生活において意思疎通する際に個々人がおこなっているのと同じことを社会科学者は暗黙知や常識に基づいて理論を導き出していることを意味している。

実証主義の礎は、人間の精神は与えられた知覚において働く心理法則から形作られるという信念にある。しかるに、現象学の基本的な信条は、意識は経験的法則に還元されることはなく、それにより解明され理解されることもない。論理の法則は普遍的ではなく、論理学は単なる心理的性向として実証分析によって説明されることはない。

ハイエクらは実証分析に先行する構造の分析をおこない、人びとは日常的な言語によりさまざまな現象を洞察していることを明らかにした。すなわち、行動は、精神が意味を与える一連の行為から成り立っているのであり、この意味では、新古典派経済学は、心理的反応と社会的な行為とを混同してしまっている。

つぎの章では、日常言語を用いて新たな経済現象に関する「常識」となる経済学を創りだそうとしたケインズの『一般理論』の方法論を探ってみる。

注

1 アルフレッド・シュッツ、アルフレッド・シュッツ著作集、第一巻『社会的現実の問題［一］』（M・ナタンソン編／渡部光・那須壽・西原和久訳、マルジュ社、一九八三年）。

2 この sensus communis は、ルネ・デカルトにも影響をあたえ、bon sense や sense commun が、カントの『純粋判断批判』に引き継がれている。『コモンセンスについて』（小林秀雄著、筑摩書房、一九六六年）参照。

3 ジョン・デューイ『探究の基盤』「常識と科学」（『世界の名著　パース、ジェイムズ、デューイ』、魚津郁夫訳、中央公論社、一九六八年、所収）を参照。

4 塩谷祐一は、『経済哲学原理――解釈学的接近』（東京大学出版会、二〇〇九年）において、オーストリア哲学とオーストリア経済学とを結ぶ結節点は価値の理論であり、それを支えるものは人間精神を扱う学問としての心理学であった。価値の理論は、哲学においては「善」(Gut, good) の倫理学であり、経済学においては「財」(Guter, goods) の経済理論であった。……両派を通じて、価値の理論は、個人の評価行為の心理学に基礎を置き、価値との心理学現象との関係を解明するものと考えられていた、としている。

5　現象学については、『現象学と解釈学』(新田義弘著、ちくま学芸文庫、二〇〇六年) を参照。

6　濱口恵俊は『日本研究原論＝「関係体」としての日本人と日本社会』(有斐閣、一九九八年) において、和辻の「間柄」を「関係場」と「関係体」まで拡げている。

4章　ケインズ『一般理論』の問題意識と方法論

人間の社会における行動は習慣と慣習という制度に礎をおいており、歴史に制約されている。また社会の活動において疑念からはじまり信念に至る探求という過程があり、探求の結果、統一された全体が生まれ、これが新たな常識となる。探求の過程においては、仮説を真とか、偽とかをいうことはできない。探求の実践のためには共同体としての制度があり、歴史における個別性を類型化し、社会における探究を行う共同体的な礎となる世界観をもたらすのであるが、この世界観こそが自由主義思想において「政府による強制からの自由」と「自己実現のための社会を創造する制度としての政府」に分かれていく。

ケインズは、世界が大恐慌による不況からの脱却にあえいでいた一九三六年に日常言語・英語で『雇用・利子および貨幣の一般理論』を出版し、経済学において金融市場をふくむ全体を分析することをはじめて可能にした。ケインズは、大量の失業はなぜ生じるのかという疑念から始めて、新たな概念を用いて経済体系を創ったのである。

この著作は、一九一七年にロシアのプロレタリア革命が勃発し、その足音が西欧世界に近づいていた時代に、西欧の自由主義を守るために書かれた著作でもあった。

すでに株式会社が社会の経済活動において全盛となっていた時代には、多くの農民が自立して農業を営み、投資される資本のほとんどを銀行からの融資や自己資本で賄う中小企業の経営者を中心とした経済を描きだすだけでは、もはや不十分になっていたのである。

ケインズは資本主義の危機を克服するために、古典派の経済学を破棄して新たな経済理論を創ることで、自由放任主義を拒絶しつつ、国民所得統計を主柱とする資本主義経済の新たな制度設計を示した。マルクスは恐慌と不平等ゆえに資本制生産様式を否定しプロレタリア革命による新たな社会をめざしたが、ケインズは財政・金融という経済政策により労働者の完全雇用を達成しつつ、より豊かで自由な社会を実現することをめざしたのである。いいかえるならば、ケインズは、『一般理論』を刊行することによって、自由放任主義の終焉を宣言するとともに、財政・金融政策によって社会を緩やかに管理する経済理論の構築をめざしたのである。

1　論理実証主義を超えて

偉大な経済学者は数学者で、歴史家で、政治家で、哲学者でなければならない。

ケインズは人間の社会における行為には意味があり、その行為の理解には、行為者の思想とか期待に関する共感的な理解が必要と考えており、解釈学の哲学者と類似の見解をもっていた。同様に、新カント派の歴史学者のように、ある経済の観察された変動の説明において、歴史の個別性の重要性を歴史の偶然性に帰していた。また、人間の行動は、将来への期待に彩られており、人間の行動を理解するためには、それらが生起する理由を理解しなければならないと彼は考えていた。

ケインズは、第一次世界大戦と第二次世界大戦の戦間期において、思想において理性による政府の社会管理を主張するマルクス主義と自由放任主義を喧伝する古典派政治経済学と闘った。さらに、彼は方法論において、命題の意味に関連して事実との一致不一致に基づいて真偽の判定が可能である命題を有意味命題とする論理実証主義の社会科学への席捲に警鐘をならして、曖昧な単語を多くもつ日常言語による社会科学の確立をめざしたのである。

ケインズはヒュームの懐疑論『人間本性論―道徳的諸問題に実験的推理方法を導入せんとする試み』

を超克すべく、ピエール＝シモン・ラプラスの古典的確率論を吟味することにより『確率論』を執筆した。しかしながら、彼はヒュームを論難する際に蓋然性 probability に関する判断は疑いもなく、心理性向に依存していることを認めている。一方、すでに論じたように懐疑論者とみなされているヒュームが自由放任を主張した証左はない[1]。

このような経緯の下で、『一般理論』を執筆する際にケインズが求めた経済現象の理解のための方法は、日常言語によるコモンセンスという共通感覚に基づく常識であった。

この認識の立場によれば、構造に執着することなく、多様な現実の一側面を明らかにするために抽象化された形式を活用することであり、理念型は必ずしも現実に依存するものではなく、ある条件のもとでサンプルを表し、サンプルは幾何的に全体を類推することを可能とする。構造化、形式化された抽象的なひな型となるモデルは、経験の多様性を犠牲にしており、厳密さのための形式的な特性をもつ数学による普遍化は、多様な現実を一様化して理解し説明するためのものであってはならない。

理論とは、本質的に階層構造をもつ仮説―演繹的な体系である。検証可能な世界に関する一般化か命題のためにこの体系はある。社会科学における理論は、結果やその応用、また世界でおきていることに関する知識をもたらすその体系の実績によって判断される。

ケインズは、一九二一年にイギリスのケンブリッジにおいて、ケインズが大学に入学した一九〇三年に出版されたジョージ・ムーアの『倫理学原理、Principia Ethica』と、アルフレッド・ホワイトヘッドとバートランド・ラッセルが一九〇八年から一三年にかけて発表した、論理による数学の基礎づけを意図した『数学原理、Principia Mathematica』を総合しようとして、『確率論 Treatise on Probability』を発表した。この『確率論』において、ケインズは、蓋然性 probability を含む合理性を論理学において体系化しようとして、『自由放任の終焉』に理論的な根拠をもたらすとともに、個人主義的な自由放任論の提唱者であるとみなしていたヒュームの懐疑論を論破しようと考えていたように思われる。さらに現在から顧みれば不可思議なことに、この『確率論』はコモンセンス擁護派のムーアの著作と分析哲学との融合を試みたものであったのである。

認識論によってたつ合理主義者が規則に導かれた既知の知識に依存するのに対し、存在論によってたつコモンセンスによる日常言語派は経験に基づく技術や知識の進化に関心をもっている。ケインズはムーアにおける日常言語による現象学、フランク・ラムジーやウィトゲンシュタインによる曖昧さ vagueness の研究から影響を受け、『一般理論』において日常言語・英語による社会現象の理解という方法論をとった。ケインズは、日常言語という曖昧な概念で構成される理論が、究極的には議論の正確さや有用性を高め、複雑な社会の動きをより容易に説明できると考えた。また日常言語による言説は、誤りがあるときには容易に修正できると考えていた。

ケインズは、実際的でプラグマティズムに類似した方法論をとっており、社会科学においては曖昧な概念が理論の普及をいっそう容易にすると考えていた。理論の単純化は日常的な言説という人びととの対話、素朴な弁証法によって促されるのである。

個々人が日常生活をしている共同体において、行為を制する規則が彼らの行動に関わっており、そこには相互作用がある。言語は、本質的に全体論的であり、したがって検証も全体論的である。ノーマン・オイラートの比喩にあるように、それは船を大海原で改修しなければならない船乗りのようなものであり、コモンセンスと日常言語は、乗ったままの状態で板一枚一枚を張り替えなければならない。コモンセンスという共通感覚に基づいた常識は、現在の理論の状態であり、将来の研究の出発点であり、しかもその出発点から我われは緩やかに進化する。我われはコモンセンスという常識以外に、概念的世界を作り変える基盤をもたない。コモンセンスという常識によって考察することは、単に現在の見方に執着することにすぎず、十分な証拠がそろった場合には潔くそれを投げ捨てなければならない。

しかしながら、ウィトゲンシュタインが言うように、梯子は上った後にしかはずすことはできず、しかも人間は上りきることはない。このように社会科学の探求はシューシュポスの神話のごとくである。ギリシャのシューシュポスの神話では、人間は暗い洞窟に閉じ込められ、さらに大きな岩に行く手をはばまれている。人間は、緩やかな上り坂で、この大きな岩を一歩一歩と押し上げていくと、晴れて、燦然と光り輝く自由を手に入れることができるのであるが、出口まで行き着いた途端、あっというまに、また振り出しにもどらされてしまう。

しかしながら、同時にこの見解は、社会科学分野において明確な散文とか説得的な議論という方法論を導く。日常言語と修辞という技術は、プラトンやデカルトの観念論のもつ欠点を修正しながらも、世界の意味を見失うことはない。日常言語による探求は社会科学における曖昧な概念の再検証から出発し、言語の曖昧さこそがその役割のために不可欠であるとみなさなければならない。複雑な社会現象の理論の単純化は、境界の曖昧な概念によって進められるのであり、決して妨げられることはない。

ケインズは、ウィトゲンシュタインとともに、概念とは一般化ではなく範型・サンプルであると考えていた。さらに、ひな型・モデルも社会科学においてはサンプルなのである。しかも、価値に関わる方法論的な洞察は論理学者の著作の中にあるのではなく、社会科学者の実践の中にこそある。この見方はプラグマティズムの方法論に類似している[2]。

図式化とサンプルに関する説明は、検証可能な一般化ではなく複雑で曖昧さにみちた社会の働きを人びとに理解しやすくするためである。政治経済学における一般化とは、サンプルによって思考することであり、問題となる重要な経済現象に光をあてることができるサンプルを選ぶことである。結論を導くのに、そのサンプルが妥当しているか否かが問題となる。そして、このサンプルは、複雑な社会現象を分析する際の原型となる。

ウィトゲンシュタインによれば、言葉を使えるようになってしばらくしてからしか、言葉を定義することはできない。すなわち、学ぶとはまねるからはじまるのである。

さらに、経済活動は客観的な用語ではなく人間の目的に関連した用語のみによって定義されると、ハイエクも「社会科学におけるデータの主観的性格」において述べている。しかしながら、主観に基づく社会理論は、統計やデータによる現実との対応関係を見失うとき砂上の楼閣となってしまう。

また、政治経済学のような政策科学においては、一時的な心理的性向や社会制度が重要な役割をはたしており、しかも時間の経過に伴って斉一でなく、常に変化している制度、期待や行動に関わる性向が、経済において観察された変動を説明する要因となる。

2　『一般理論』の方法論

ケインズの『一般理論』は、マーシャルの『政治経済学原理』（一八七〇年）とムーアの『倫理学原理』（一九〇三年）とに育まれ、ウィトゲンシュタインの『哲学探究』（一九五三年）で展開された言語ゲーム論と類似の哲学的な方法論をもっている。

ケインズは、『一般理論』において全体論的な視点から、個人の動機とその行動に関連する論理と、全体としての集団性に関する論理との区別が重要であると考えた。理性や合理性に基づいて個々人の行動を理解しようとすれば、共同社会における生活の秩序と規範やそれらのものがひきおこす交錯した感情が社会全体の動向に及ぼす影響を我われは軽視してしまう。社会でくらす人びとは異なった階層の心理をもっており、共同体において個々の信念が不確定な期待と結びついている。個々人は共同体の慣習・

規約に基づいて不確実性に向き合っているが、この理解のためには複雑に絡み合った要素を一つ一つ考慮して作成される、一つの暫定的な結論をもたらす素描による図式化が必要となる。しかもそれらの要素である個々人の間には相互作用がある。

社会における人びとは、生きてゆくために不確実性に対処しなければならず、個々人は緩やかな合理性をもっているとケインズは考えた。そして、彼は、社会が多元的な階層にいる人びとによって構成され、社会はこれらの階層の連関からなる共同体であるとみなしていた。

したがって、過去の経験を通じての事象の一般化を行う場合、類似・アナロジーによるが、現象同士の相違の認識が重要なのであり、その対象間に普遍的な一致を見出す仕事は、副次的な意義しかもたない。多くの事例を取り扱うことによる帰納の作業も、我われが社会の動きを理解するうえでの本質的な役割を果たしえない。帰納的な推論は妥当性を保証するために、根本的な想定としての帰納仮説の存在を、時空を通じた普遍性をもつという原子論的な斉一性と有限な多様性の原理を前提としており、その妥当性はどこまでいっても蓋然的なものである。

ところで、日常言語による言説において、社会において生活している我われは盲目的に操作をしているのではなく、自分が何をしていて言葉が何を意味しているのかを常にわかっている。したがって、政治経済学における一般化とは、日常言語の類概念、家族的類似性をもつサンプルによる思考となる。それゆえに、言語共同体において歴史的、文化的な伝統に基づく知覚上の類似性に言語文化的な特徴を重ね合わせたところに、日常言語による一般化が成り立つのである。

一九一三年から一九一八年にかけて、ウィトゲンシュタインはムーアとラッセルの指導の下に、科学の方法論となる論理実証主義への道につながる『哲学論考』を執筆し、一九二二年に出版した[3]。

ところが、ケインズによる蓋然性を含む論理学への試みは問題があることが、ラムジーによって指摘され、ケインズとウィトゲンシュタインは、一九三〇年ごろから社会という共同体における合理的判断の形作るメカニズムを、イギリス経験論の伝統をふまえつつ、日常言語に基づいたコモンセンス、日常的経験に基づいた常識によって理解しようとした。かくして、ケインズは、一九三六年に『一般理論』を発表し、ウィトゲンシュタインは、死後の一九五二年に『哲学探究』を、さらに、一九五六年に『確実性について』を発表し、言語ゲーム論を展開した。

ケインズの認識論的立場は、プラグマティズムであり同時に規約主義とみなされる[4]。

プラグマティズムにおいては、概念の内容は、実践的な適用にあり真理は事実との関連ではなく、経験との一貫性にある。知識の有用性をめぐる人びとの間の合意をもって真理とみなす。知性と感覚のかわりに、性向と慣習を知の源とみなす。社会科学は知的共同体による探求の過程であり、既存の規則の単純な適用とはならない。

規約主義は、数学と論理学において発展した。合理主義を否定して、形式論理の真理の必然性に関して二つの根拠がある。数学や論理学の真理は、現実の内容はなく、世界に関する真理ではなく、にもかかわらず真実であり情報を提供する。この立場のある学派は、科学法則は予測能力と観察との対応によって評価されるべきであると主張する。

いいかえると、規約主義は根源的な信念は受け入れられないという見方を受け入れて、それゆえ、いかなる信念や行為のあり方も他の行為のあり方と同様に正当化することはできないとする。全ては、規約に過ぎないと考える。この見方によれば、ある科学的な前提や方法の体系を別の体系とおきかえることとは、ある規約の体系を別のそれとおきかえることと主張される。もう一つの規約の解釈は、信念や実践はその規約が持つ権威による。規約主義は、言語の規約だけでなく、思想や実践の体系に対しても適用できる。

3　言語ゲーム論

以下では少し回り道になるが、プラグマティズムの相貌をもつ、ウィトゲンシュタインの言語ゲーム論に言及して、ケインズの『一般理論』との方法論的な類似性を見てみる。

ウィトゲンシュタインは論理実証主義に影響を与えた『哲学論考』から、第一次世界大戦での従軍、捕虜の経験を経て一九二五年にケンブリッジに戻り、「言語ゲーム論」の日常言語派に変貌していく。この変貌の一因には、ケインズがイタリアから招へいし、文化人類学にも造詣が深かった経済学者ピエロ・スラッファとの日々の対話があるといわれている。

言語ははじめから間主観的で公共的であり、さまざまな仕方で我われの生活に連関している。個々人がくらしている共同体の下で、その実践の中において、相互に批判し受容されることによってゲームの規則そのものが変化していく[5]。

子供のころに言葉を学ぶときに明らかなように、ルールに従うことは一つの実践である。言語ゲームは、全体のルールも知らないゲームにおいて模倣することから始まる。言語は、人びとの間で共有されたものであり、さまざま事柄についての自覚があり、それについて話すという活動である。言語において、その使用規則は固定されておらずさまざまに変化しうるが、そのことはまさしくそのようにして、言葉や文の意味が変わっていくことを明らかにしている。言語は、またお互いに異なるさまざまな道具をしまっておく道具箱であり、共同体においてその道具箱に道具がいつでも使えるよう準備されている状態にある。そして、この使用規則が文法となる。しかし、名称がある人間による特定の状況における使用がなければ、いかなる規則も無意味となる。かくして、言語はいつでもそれ自身で完結した人間の自律した意志疎通の体系である。言語を用いて書いたり話したりすることは、一つの活動であり生活様式の一部である。言葉の意味とは、言語体系における言葉の慣用となる。すなわち、言葉の使用規則の総体が意味をきめる。

ある事実を疑ったり検証したりすることができるためには、そうした方法をもっている、つまり技をもっているということである。ウィトゲンシュタインによれば、言語ゲームは、共有の行動様式という文脈をすでに持っている人びとによってのみ学ばれ、実行されうるものであり、さまざまな事物についての体験をもち、それについて語るという活動である。言語ゲームは、ルールをもつ点でゲームに類似しており、たとえば、色に関する言葉を話せる人が赤いものを青いとよべば、ルール違反である。ある事実を疑ったり検証したりすることができるのは、そうできる道具をもっている、すなわち、その技術を習得していることであるが、ある事実を疑ったり検証できる人についてのみ、それを知っていると語りうるのである。

社会とは物によってなりたっているのではなく、言語ゲームによってなりたっており、既に価値や行為が言語とともに存在している。さらに意味は、言葉とともに物事を行為するときにのみ明らかとなる。意味することや理解することは、精神の状態ではなく、指示対象、画像や現象学的な実在それ自体では正しい行為に導くことはできない。我われは、訓練と慣れによって正しい使い方を学ぶ。問題となる概念自体が曖昧であるとすると、意味を特定化しようとする現象学の接近は困難となる。

言葉の定義は、学んで使う言語の本質である。言語は、自律的で文法は恣意的である。言語は、主観が客観的対象を分節化し、固定し、認識するための道具なのではなく、対象としての世界に向けて意識を志向させる手段であり、事物の世界における道具的な連関の中にある。

日常言語の使用の根拠は、理論の単純化が鋭い境界をもたない概念によって前進されるからである。

この議論の中心部分は、ウィトゲンシュタインによってなしとげられ、時を同じくして、社会科学へはケインズによって導入された。この立場は、社会科学における、曖昧な概念による日常言語による分析とコモンセンスという共通感覚による常識という認識を支持する。

ウィトゲンシュタインは、分析哲学に関わる『哲学論考』を執筆していたころ専門用語や現象学的言語を用いた論理学をめざしていたように思われるが、ただそれを話しているものだけが知りうる私的言語、すなわち、個人の直接的で私的な感覚に関わる言語を批判することによって、言語ゲーム論へと脱皮していった[6,7]。この言語ゲーム論は、日常的な生活世界における人間存在というハイデガーの解釈学的現象学に類似している。

また、ウィトゲンシュタインによれば、帰納法は期待し考え行為するという言語ゲームにおいて、規則として学ぶことができない一つの行動様式の明らかな例である[8]。

言語ゲームにおいては、信頼の根拠となる原理などは必要ないのである。計算をし、歴史を探究し、持続する現実の対象について語る実際の行為において規則を自分が確信している命題として表現される世界像の一部がある。ある言葉の類型的な使用法を示す命題において、その命題の使用者でなければ、その言葉を知っているとは言えない。

言語ゲームには、……根拠がない。それは、理性的ではない（また非理性的でもない）。それはそこにある――我われの生活と同様に根拠なき行動様式それが終点なのだ。知っていることといささかの疑いもなく、確信的に行動することとはことなる。懐疑主義に陥る必要はない。私がいかに想像力を駆使しようと、私は懐疑論者の仮説に従って行動することはできないし、私の一般的な能力を、根拠づけを必要とする特殊な能力であると想像することはできない。我われが知っていると主張するところの事柄を単に「信じている」のにすぎないとするのは決して正確な表現とは言えず、むしろより誤解を招く表現である。[9]

この言説は、ヒュームの懐疑主義と論理実証主義への対抗である。

4　有機体的に統一された社会

ケインズは、『自由放任の終焉』において、古典派政治経済学における個人が各々独立に行動しても最大の富を社会にもたらすであろうという前提が、現実的ではないと考えた。さらに、生産と消費の過程が有機的ではないとの想定から前提とされている知識の条件やこの知識をえる他の機会が十分にあるという信念に問題があると彼は考えた。

一方で、原子論的な社会の認識論によれば、人間の性格と動機は社会的な関係とは無関係で心理的反応となり、他方、有機体説の社会存在論において人間の性格は社会関係の産物であり社会とともに変わっていく。

ところで、解釈学によれば、人間に関する純粋な行動理論はありえないし、あまり意味のあることとは考えられない。社会科学においては、主題が理解される言葉で説明される必要がある。したがって、理論化は、日常生活で社会と関わっている人びとと同じような暗黙の知識、常識に頼らなければならない。

さらに、ケインズは良い生活の見方の確立なくしては、経済は他人より有利な立場をめざすだけの活動に堕してしまうと考えていた。政治経済学は日常言語による経済に関わる対話であり、政府は倫理に基づきさまざまな商品やサービスへの需要の構成と水準に影響を与える役割をはたさなければならない。さらに、「公正価格」の概念の維持が必要であり、才能や努力に正しく報いる労働への報酬が市場で成立しなければならない。

したがって、ケインズは、実証主義から距離をおいており、精神の状態を表す単なる心理的意味において使われる従来の論理学と、自分の論理学を明確に区別している。しかるに、すべての現実の出来事を知ることができると実証主義は想定しているが、科学的客観の知られたものは、物象化という方法的主題化の操作の所産である。この見方からすると、新古典派経済学とマルクス経済学の認識は、唯物論であり、方法論的個人主義と方法論的集団主義だけが異なるだけといえる。

認識は、主観の立場から世界を合理化し客観化することにほかならない。

ケインズは、全体の価値が有機体的統一の原理に一致して、部分に還元されない一つの全体としての状態に依存するとして、最大多数の最大幸福というベンサム流の功利主義からの脱却をめざした。倫理的判断や認識の原子的な基層への還元は、ある社会における有機体的統一という観念を侵食してしまうのである。

日常生活における常識を含め、すべての知識は、社会関係の中からえられ、社会の中でうけつがれている。人びとが相互に作用するときには、現実の各自の認知が関連しているという理解のもとに、個々人は行動している。このように人びとが行動するときにおいて、現実に関する共通の知識は深められる。このようなコモンセンスによる知識、常識は人びとの彫琢によって、さらに時間・空間という試練によって練りあげられることになる。特に彫琢の当初の過程に参加しない後世の世代にとって、人間における伝統・慣習、意味や制度は一つの客観的な現実の部分として現れる。

知識は世界からの発見によってではなく、人間の作りあげた理論から構成されている。知識における概念は、感覚的な経験を説明するために提案された精神的な構成物である。すなわち、実証主義的な現実は非現実的なものであり、日常における現実は構成されたものである。

原子論的な仮定は物理学においては大いなる成功をおさめているが、精神科学である政治経済学においてはうまくはいかない。あらゆる局面で、有機体的統一の問題や、慎重さや不連続の問題に直面する。すなわち、全体は部分を足し合わせたものではなく、量の比較だけでは我われは挫折してしまう。したがって、社会の動態においては、小さな変化は大きな変化をもたらし、同一性と斉一的な連続性はみたされてはいない。

さらに、ケインズは単なる心理的な意味において従来の論理学と彼の論理学とを区別しており、ハロッドへの手紙において以下のように述べている。

政治経済学は道徳科学であることを大いに強調したい。政治経済学は、内省と価値を問題にしている。政治経済学は動機、期待、心理的な不確実性を扱っています。我われは、素材を普遍かつ同質的なものとして扱うことがないように、言ってみれば、林檎が地面に落ちることが、あたかも林檎の動機に依存したり、地面に落ちることが価値あることかどうか、地面が林檎の落ちることを望んでいるかどうかに依存したり、地球の中心からの距離について林檎の誤算に依存しているようなものなのです。[10]

このケインズの林檎のエピソードは、ケインズが主観主義者で、方法論において解釈学的であることを明らかにしており、彼は、『一般理論』の第二一章「物価の理論」において、以下のように述べている。

日常の言説において、我われは盲目的に操作をしているのではなく、自分が何をしていて、言葉が何を意味しているのかを常に認識しているので、必要な留保や限定、あるいは後になって加える必要があるかもしれない調整を配慮しなければならない。

この言説においてケインズは会社の経営者や経済活動をおこなっている人びとによって使われている言葉の重要性を指摘しており、社会科学における日常言語の有用性へのケインズの信念は、社会理論による解釈学的な理解によっても支持されている。ケインズの今期の消費のための純所得の定義は、当時のイギリスの税務局が採用していた所得税のための統計である。ケインズは実業界で通常使われている言葉以外の使用を排除していないが、そのような不慣れな言葉の場合には、経済の活動をおこなっている人びとが理解し、実際彼らが使っている言葉と同義語とみなされる必要があると考えていた。具体的には、流動性選好やユーザーコストがそれにあたる。

5　慣習的判断と期待の脆弱性

不確実性の下での人間の行為は、現在の消費と将来の消費水準を決定するための消費性向、すでに保有している資産をどのような形で保有するかに関連する流動性選好、さらに会社の経営者が設備投資をいつ、どの水準で決定するかに関わる長期的期待という、心理的要因に大きく依存している。この心理的なメカニズムは、慣習への暗黙的な依存と、会社の経営者の血気・アニマルスピリットという恣意的な判断と社会全体の平均的期待についての期待形成によって構成されている。この期待形成において、個人が問題にしているのは純然たる主観確率ではなくて、むしろ間主観的な確率なのである。

間主観性とは、意図的に求められる出来事と物事に関する体験の共有である。すなわち、他人の経験を自分の中で体験することを表している。間主観性とは、注意の的を共有する事、意図の共有および情動状態の共有を含んでいる。

ところで、確信とは、確率分布の分散が小さいということを意味せず、確信が揺らぐのは、必要で適切な情報が不足しているからであり、不確実性とは、人間の無知にもとづく不確実性であり、probability とは相対頻度の極限としての確率ではなく、形式的に記述することが困難で数量的に表現できない蓋然性に関連している。したがって、客観的な確率 probability と主観的な確信 confidence との区別が重要であり、不確実性は、時間の過程としての将来の問題だけでなく、社会全体を支配する根源的な曖昧さに関わっている。

ケインズにおいて、会社の経営者における確信という心理的要因だけでなく、よりいっそう根源的な社会を理解し把握する学問的な枠組そのものが『確率論』から『一般理論』へ移行する過程で変わっていった。そして、それは未来の不確実性という時間概念としてだけでなく空間概念を含み、世界を理解するうえでの曖昧さの問題との関連からであった。さらに曖昧さは期待にも関連する。ケインズは期待の脆弱性という用語を用いて、将来というものは変動し曖昧で不確かであるとした。

もともと確率論は、偶然を伴うゲームに関連した問題からはじまっている。これらはすべてのゲームにおいて、先験的に可能な結果は完全につりあいのとれた有限個の場合として処理される。この事実が頻度比の安定性に対する説明を生み、一八世紀の数学者達の「同様に確からしい場合の原理」となった。この原理を確率論全体の基本原理として扱ったのがラプラスであった。

近代の確率論は、公理を基礎とした数学的理論を構築しようとした立場と同じように、頻度数の性質を直接的な基礎とした公理系を導入しようする研究であった。ある事象においてを無限大としたときのその事象の頻度比の極限として確率を定義した。頻度比学派と同じように観察的な立場に立ちつつも、頻度比の極限の存在を仮定せずに、事象の確率を単にその事象と結びついた一つの数として定義する学派もある。理論の公理は頻度比について観察された性質の理想化された主張から成り立っている。これらの確率論は、統計的な規則性をしめす現象の一つの数学的理論として考えられているが、確率は実際に観察された頻度比の理想的な対応物であって、ある特定の事象の確率の値は原理的には経験的な検証によらなければならない。

しかし、ケインズによってすすめられた方向は、確率論を理性的な信念の度合いとする立場である。

すべての命題は数値的に測定可能な確率をもっている。ある数学理論と実際に観察される事実の間の未来における一致に関して考えられる、実用上の確かさについての度合いも数値によって表すことができることになる。「現在のヨーロッパの戦争は一年以内に終わる」とか「火星には生物がいる」という主張の真実性についても、一つの確定した確率の値が存在することになる。ケインズの見解は、我われが語る権利をもっているのは一つの事象の確率についてではなくして、ただこの事象に関してある特定の個人によって下された一つの判断の確率についてであるということである。

物理学や化学および他の自然科学においては、実験の対象はさまざまな量の実際の数値や方程式または定式のなかで現れる要素によってみたされる。そして、その仕事は一度にしかも一挙になされる。

政治経済学においてはそうはいかない。モデルを数量的に定式化にすることは、思考の手段としての有用性を壊す。一九六九年にノーベル賞を受賞したヤン・ティンバーゲンは、特殊なケースにおける変量を解いて、いくつかの特殊なケースの平均で仕事をし、そのようにしてえられた数量的な定式化で一般的な妥当性をえようとした。しかし、事実は数字をみたすことではなく、つぎの時にあてはめることはできないということである。その道具立てでは価値を高めるというより、その価値を壊してしまう可能性が高いのである。

エルゴード性とは、集合平均と時間平均が一致することである。一〇〇個のサイコロを一度に投げて一の出る確率と、時間をかけて、一個のサイコロを一〇〇回投げて、一の出る確率が同じになるというのがこの仮定であるが、社会現象においてこの仮定はなりたたない。

ところで、『一般理論』において、貨幣賃金の粘着性、産業間や会社の間における労働移動の不完全性、消費性向や長期利子率の安定性が社会の慣習に関連している。現在は、過去の経験の単純な検証により将来を見通すことができる頼れる指針をもたらす。いいかえれば、我われは何もしらない実際の傾向に関しては、将来の変化に目をつむっている。価格や現存する産出の傾向によって現れている意見の現在の状態は、将来の予想に関する正確な集約に基づいており、新しく関連する何かが出現するまでは、我われは現状をそのまま受け入れる。我われは個々人の判断はとるにたらないものであると知っているので、より多くの情報をもっていると思われる社会の判断に頼ろうとする。個々人は、おおよそ、大多数の人びとの行動に一致するように行動する。他人を見習って行動しようとする個々人からなるある社会における心理は、厳密には慣習的判断とよべるものに導く。

通常の慣習は現状から未来を投射することであり、それが修正されるのは変化を予想する明確な理由があるときであり、したがって、将来への予想形成は静学的か適合的になる。普通の人間は、将来の不確実性に身を委ねるだけでは生きてゆけず、すでに知られた過去の経験が社会的な慣習となって、人間の行為への安定装置となっている。人間の相互行為においては、役割期待という社会的な慣習があるために、社会における行為者の行動のある程度の予測が可能となる。

ケインズは、慣習を個々人が行動するときに現在の状況において将来がどのように見えるかを推測する際の技術、実践に関連していると考えていた。将来に向かって投げだされている人間は、過去の経験と知識を全身全霊に込めて、将来を見通さなければならない。経済活動における会社の経営者においても同様であり、これが短期や長期の期待形成に関わっている。慣習は期待を形作るのときに根幹をなす。ケインズは人間が社会の慣習により将来への期待を形成しているが、慣習は予期せずに変化するもので、個人の行動の計画の調整や安定を保証するものではなかった。その結果、行為に関する抽象的な規則の体系は突然に変化し崩れさるものでもあった。すでに知られている過去の事実が、社会制度という形で将来の不確実性を縮減し、社会秩序の安定性に寄与することができる。

個々の人間は、理解できる規約にもとづいて判断し、その判断が規約の束の中で生まれる。その判断が交差する市場において、人びとは不安定な共同体の平均的な判断の動向を予想しつつ行動するが、その行動の結果として全体がまたより広い歴史的な地平の中で新たな生活の形式を生み出していく。

そして現実において、我われが暗黙のうちに同意しているものは、慣習に他ならない。この慣習により、投資家は変化を予想できる理由がある場合を除いて、現状が無限に続くであろうと想定する。かくして、個々の投資家に関しては、短期に株式を保有する際には安全とみなされ、慣習に従い自分の判断を然るべき期間に変更することはない。それにより社会全体では投資は固定されているが、個々人の投資家にとっては流動化されている。

しかしながら、慣習が頼りなく将来への確信が揺らいでも、個々人は日常生活において経済活動をおこなっていく。

ケインズは、また、政治学を実践倫理の一部門であると考えており、ムーアの倫理学に影響を受けて、政治の目的はそれ自体として善である状態を実現することではなく、社会の個々人がそうした善を追求できる条件を整えることであると考えていた。彼は肉体的な穏健、物質的な満足や知的な自由という善を強調し、国民に幸せをもたらす政府はどのような倫理観から着想をえていようとよい目的にかなっていると考えていた。

この見解は、具体的には、功利主義の最大多数の最大幸福から脱して、社会における失業者を少しでも減らせる政策が公共善であるという主張にたどり着く。なぜなら、倫理的な判断や認識の原子論的な基層への還元は有機的に統一された社会という観念を侵害し、社会の安定や秩序を根底から覆しかねないからである。

つぎの章では、ケインズの経済学の根幹をなす国民所得の概念について説明する。

注

1　ケインズのヒュームとラプラス研究に関しては、『ケインズの哲学』（伊藤邦武著、岩波書店、一九九七年）

に詳しい。

2　プラグマティズムとの類似性は以下参照。Baldwin Ranson, Rival Economic Epistemologies: The logic of Marx, Marshall and Keynes, *Journal of Economic Issues* 14,1980, pp.77-78.

3　当時、一九二五年のハイゼンベルグの行列力学と一九二六年のシュレーディンガーによる力学によって量子力学の礎が完成していた。

4　『『一般理論』の哲学』『ケインズの哲学』（伊藤邦武著、岩波書店、一九九七年）参照。

5　「言語と真理」『ことばと対象』（ウィラード・クワイン著／大出晁・宮館恵訳、勁草書房、一九八四年）によれば、「我われは、皆、間主観的であることがはっきりしている状況で語を発するという観察可能な他人の行為を通して、自己の言語を学ぶのである。」

6　「後期の思想――文法と言語ゲーム」『ウィトゲンシュテイン』（滝浦静雄著、岩波書店、一九八三年、所収）を参照。

7　平山朝治は、『ホモ・エコノミクスの解体』（啓明社、一九八四年）で以下のように述べている。「経済学が解釈するように効用が満足度の如き私的内感であるとすると、それについて言及する言語（「効用」というコトバ）は、ウィトゲンシュタインのいう「私的言語」であり、私的言語は意味ももちえないことになってしまう。」

8　『確実性の問題』二八七（ウィトゲンシュタイン著／黒田亘訳『ウィトゲンシュタイン全集七』大修館書店、一九七五年、所収）。
「栗鼠は、今年の冬も食料の貯えが必要だと、帰納によって推論するのではない。まったく同様に我われ人間も、自分たちの行動や予言を理由づけるために帰納の法則を必要としない。」

9　『確実性の問題』五五九。

10　Austrian economics: A hermeneutic approach, Ludwig M. Lachmann, *Economics and Hermeneutics*, ed. by Don Lavoie, Routledge, 1990 にこの手紙の引用がある。引用された文章は、J. M. Keyenes, *Collected Writings*, vols XIV 1993 である。

5章　国家における経済体系

近代において国家は一定の領土と住民を治める排他的な権力のある組織と統治権をもつ社会であり、強制力をもつ法の体系からなりたつ。いいかえるならば、国家は国民に課税する権力によってその境界が定まる地理的な空間であり、その権力は財産権をはじめとする法の体系に基づく。そして、どのような財産権の構造のもとにおいても、国民が雇用され、自立して生活していくことが政府の主要な目標となる。現実の社会における経済現象の変動を理解するために国民所得に関わる統計があり、特に現代においては、社会にくらす人びとの経済の活動における不確実性を縮減し、国民全体における雇用の安定に役立てるためにこの統計はある。

1　国家における経済

国家は運命共同体として最大のもので、その国民または民族は、帰属意識に関する存在証明または自己同一性に相当する集団的同一性をもつ。したがって、他国との差異が強調され固有の宗教、文化・言語および風土がその同一性を形作る主な要因となる。

国家は国際社会において国益を追い求め、それは生存、自律、経済厚生および国民の自尊心に関わっている。国民は個人からなり、個人は各々の権益と自己同一性をもち、権益では階級や政治的な圧力団体に、また同一性では階層化された宗教団体や文化集団に属する。

労働団体をはじめとする政治団体の運動に目を転じると、政党では左派がマルクス主義共産党、中間派が民主党、右派が自由主義者で、最も右が保守主義者となる。民主党より左派は人びとの結果の平等、具体的には社会保障制度による所得の再分配を重視し、それより右派の政党は個人の自由をより重視し、結果の平等より法の下の平等や機会の均等を重視する。保守主義では伝統を守りながら慣習や社会秩序も重んじる。

どのような状況においても民主主義に基づく社会では、政府は社会の富をふやすためにその役割をはたそうとするが、最終の意思決定の場が権力の掌握をめぐる政治の闘いの場になってしまう。あらゆる団体が、自分の利益のために富や所得を再分配するように政治的に行動する。

さまざまな権益をもつ個人が社会において行動することにより、社会はどう変化するのだろうか。また、利他的な行動や政治的な目的のために、投獄されたり死に至ったりする個人や集団の行動は、どのような動機によるのだろうか。労働組合、業界団体、医師会や様々な分野別の専門家などの政治的な団体が社会にあるのは、政治的な行動からえられるその団体に所属する個々人の名声をふくめた便益が、その団体を組織し維持する費用を上回っているからにほかならない。所属する組合員や会員に排他的な便益がないときには、これらの団体は自然に消滅するだろう。

現代において民主主義に基づく国家では、国民に主権があるとしており、統治を政府に委ねている。この政府は、司法、立法および行政から構成される。間接民主主義では、立法を司る国会の議員が選挙で選ばれ、行政と司法を監視・監督することになる。

社会科学においては、ある個人が意思を決定する権限を代理人に委譲し、この代理人がその人のかわりになって行動することを代理人関係として捉え、市場における契約や取引に関する人びとの行動を理解しようとする代理人問題という考え方がある。各々の依頼人が個別に権限を行使するよりも、権限を一部委譲し、代理人が統括して行った方がより費用を安く抑えられるときには、依頼人が代理人に権限を委譲する誘因があるという。このとき、代理人となる機関が大きければ大きいほど一人ひとりが負担しなければならない費用がさがる。ある商品の生産量をふやせばふやすほど、一単位の生産をおこなう費用がさがる場合に規模の経済があるというが、国家にもこれがあてはまる。政府が代理人であり国民が依頼人であるとすると、国防や防疫を含む安全・安心の費用は、国家が大きくなればなるほど国民一人あたりの費用は小さくなり、さらに、国家を維持するための租税を納入する費用も国家の規模が大きくなるにつれて一人あたりの費用はさがる。

しかしながら、代理人である政府と依頼人である国民一人ひとりはそれぞれ独立しており、代理人である政府と依頼人である国民一人ひとりがもつ誘因は必ずしも一致しない。また代理人と依頼人の間では情報が共有されないという情報の非対称性のために、代理人は依頼人の権限の代行を常に適切にはたすことはない。それゆえに、依頼人が常に代理人に適切な形で権限を執行させるためには、監視費用がかかる。

2　推計値としての国民所得

経済体系の変動を適切に理解するために不可欠な「量の単位」の選定と「所得」の定義なしには、ケインズが『一般理論』を展開することは不可能であった。

社会全体としての「産出量」とか、全体としての資本設備とか、さらに一般物価水準とかいうのは曖昧な概念である。ケインズが使用した基本単位である貨幣価値による量と雇用量は、同質の概念でなり立っている。新古典派経済学は、資本が同質的に計られると想定しているが、シュンペーターが指摘したように技術革新の波に資本設備はさらされており同質的ではない[1]。

したがって、曖昧さというのは測定する単位というよりも、定義に関係するものであり、有用な用語を選ぶことが重要である。どれくらい正確な定義が必要とされるかということもまた重要であるが、政治経済学のような学問においては余りに正確な定義は役には立たない。政治経済学を展開することは、数学的論理を展開することでもなければ、法律の文書を記述することでもないからである。

ケインズは、市場経済の否定ではなく、市場経済の限界という事実に注目し、このような状況の中でできるだけ現実を正しく理解できる地図を作成するということを重視したのである。諸概念の定義もこのような判断からなされている。所得の定義は、日常の用法にできるだけ密接に合致することを意図したものであり、有用であり錯誤に導くことがないものである。

政治経済学において一番重要な概念は、国民総生産または国民所得である。これはしばしば、GNP(Gross National Product)ともよばれるが、今日では、国際的な資本や労働者の移動を考慮しなければならないために、国内の生産状況をより正確に表す国内総生産GDPが使われている。ある年の国民総生産とは、その年にその国の国民が自分のものである労働力、資本や土地という生産要素を用いて作りだした新しい付加価値のことである。ここでいう付加価値とは、ある人が他の人びとに役に立つものを生産して売りにだすと、人びとはそれが価値あるものとみなして一定の価格への対価を払って買いいれるという関係をさしている。この価格は、通常その商品の価値を市場がきめ、市場できめられた通貨の単位として表わされる。

以下では、説明の便宜のために、市場経済において主体は、家計と会社だけで、政府や公共団体が存在していない場合を考える[2]。両者における相互の依存関係、すなわち両者の間の財・サービス、資金および所得の流れは以下のようになる。家計は生産要素である土地、労働や資本を所有し、これらを会社に提供し、会社からは報酬として、地代、賃金と利子をえることになる。会社は家計から提供された資本、労働や土地といった生産要素を使って、商品やサービスを生産して市場で売り、収入をえる。これらの収入はそれぞれの生産要素の生産にみあった報酬として家計に支払われる。家計はこれらの所得を使って、商品やサービスを購入する。

家計は労働という生産要素を会社に売って、賃金という代価をえる。ここでの家計はある代表的な家計で、会社もある代表的な会社である。実際には会社間において原材料、中間品、完成品の売買の取引がある。会社と家計との間には、会社が商品・サービスを市場で家計に売り、家計は代金を会社に支払うという関係がある。この家計の支払は、家計が売る労働への報酬である賃金から、貯蓄分を差し引いた残りからなる。ただし家計の所得は、生産要素からの報酬のほかに、保有する会社の株式や社債からえられる利子や配当の収入を含んでいる。

ここで、会社の経営者A氏の経営行動と所得を考えてみる。A氏が、自分が製造した商品を一年間売ったときの総売上が一〇〇〇万円であったとする。もし一〇〇〇万円の売上をえるのに二〇〇〇万円の原材料費と減価償却費がかかっているとすれば、A氏が作りだした新しい価値は八〇〇万円であって一〇〇〇万円ではない。減価償却費とはA氏のもっている機械設備がその年の生産のために使用され、価値の一部が移転して、その価値が減少した分を表す。原材料や機械設備はA氏からみれば他人が作ったものである。もしこの氏が一〇〇〇万円の価値を作りだすのに労働者を雇っていたとすれば、その労働者へ賃金、例えば二〇〇万円を払わねばならず、この賃金の分はA氏のものではなく労働者が労働を通して作りだした価値である。したがってA氏が作りだした価値は六〇〇万円ということになる。

さらに、このA氏が他の人から借り入れをしてこの事業を行っていて、その利子が五〇万円であるとしよう。この五〇万円は資金、資本を提供した人が作りだしたものであるから資金を提供した人のものとなる。つまり資本も価値を作りだす。同様に、もしA氏が土地を借りていれば、地代一〇万円を払わなければならない。結局、A氏個人が作りだした価値は、五四〇万円ということになる。この五四〇万円は、A氏が自らも労働者として働いていたとすると、その労働に対する賃金、それから経営者として働いたことへの役員報酬、また自分も出資していたとすればその出資金への配当や利子などを合計したものである。

もしこの会社が株式会社であったとすると、A氏は、社長として株主に配当を払わねばならない。この配当が総額で四〇〇万円であったとすれば、A氏の手元には一四〇万円が残る。株式会社であれば他にも役員がおり、その報酬は四〇万円であるとしよう。結局最後にA氏の手元に残るのは、一〇〇万円である。これがA氏の経営者として一〇〇〇万円の売上をだして八〇〇万円の価値を作りだしたことへの報酬である。

役員報酬およびA氏の収入、さらに資本を提供したことへの報酬である配当は、利益とみなされ、残りの項目すべてが費用である。

ここで、減価償却費について説明しておくと、減価償却とは、機械設備の価値が消耗することを表す。つまりA氏が、一〇〇〇万円の機械を買って一〇年間生産を行ったら使えなくなったとする。この場合、平均して毎年一〇〇万円分の機械の価値が生産物の価値の中に移転したことになる。上の例では、減価償却費は新しく作り出された価値ではないという意味で原材料費に似ているが、違いもある。

この機械設備をA氏が五年前に購入しているとすれば、商品として生産されたときにはその年に新しく生産された価値を含んでいたといえる。しかし、現在、A氏の商品の売上一〇〇〇万円に含まれている減価償却費の分は、その年に新しく生産される価値とは関係がなく、機械に含まれていた価値が商品に一部移ったにすぎない。仮にその機械が今年の初めにB氏によって生産され、A氏によって購入されたものであっても、その新しい機械に含まれている価値は、B氏の所得として計算済みである。この機械の減価償却費が、商品の価格に含まれているからといって新しく作り出された価値に含めると二重計算となる。先の例において、A氏は毎年一〇〇万円の減価償却費・資本減耗を一〇年間積み立てて、一〇〇〇万円を新しい機械の購入にあてる。

A氏の経営する会社が作りだす価値、つまり所得について述べたが、このようなA氏のような個人または会社Aが、ある経済に一〇〇〇万単位あるとすれば、この一〇〇〇万の経済主体の作りだした価値の総計が国民総生産または国民総所得である。ただし、その際二重計算をさけなければならない。前述の例において、A氏にとって所得の一部とはならなかった原材料費は、A氏に原材料を供給した誰かの所得となる。しかし、原材料が輸入されたものである場合には原材料を生産する際に作り出された新しい価値は外国人のものであるから、国民総生産の計算からは除外されなければならない。

国民総生産は国民純生産と区別され、また名目国民所得と実質国民所得との区別がある。このほか可処分所得、個人所得など次第に細分化される項目がある。

いま市場に食料、衣料、自動車という三つの商品しかないと想定しよう。それらの数量をX, Y, Zとし、その価格をそれぞれ Px, Py, Pz とすれば、名目国民総生産は $PxX+PyY+PzZ$ となる。すなわち、食料の価格に食料の生産高をかけ、衣料の価格に衣料の生産高をかけて自動車の価格に自動車の生産高をかけて、それぞれをたしあわせる。ここで価格は市場価格そのものではなく各部門の中間製品や原材料費を差し引き、生産物一単位当りの付加価値として「純価格」に換算したものである。

ところで、名目国民総生産はＧＮＰデフレーターに実質ＧＮＰをかけたものに等しい。このＧＮＰデフレーターとはその国の平均的価格水準であり物価指数の一種である。ＧＮＰデフレーターは、以下のように算出される。

まず物価指数の計算方法を説明しよう。いま基準年の財の価格と生産数量を（P_{x0}, P_{y0}, P_{z0}）と（X_0, Y_0, Z_0）とし、さらに比較される年の財の価格と生数量を（P_{x1}, P_{y1}, P_{z1}）と（X_1, Y_1, Z_1）とする。基準年の生産量でウエイトしたラスパイレス指数は、（$P_{x1}X_0+P_{y1}Y_0+P_{z1}Z_0$）／（$P_{x0}X_0+P_{y0}Y_0+P_{z0}Z_0$）×一〇〇となる。基準年次は通常五年ごとに改められている。

ＧＮＰデフレーターは、消費者物価指数などの物価指数と異なり、輸入物価の上昇による影響を控除した「国内」の物価水準を表している。このため、原材料の価格の上昇など輸入物価が上昇して国内の商品価格があがる場合には、消費者物価指数があがるにもかかわらず、ＧＮＰデフレーターがさがることがある。

消費者物価指数は、ある経済において平均的な家計が購入するある一定の数の商品やサービスにおける価格の変動を時間の経過とともに表しており、家計の消費構造を安定的なものと捉え、家計の消費のための費用が物価の変動によってどう変化するかを指数値で示している。また、消費者物価は、名目個人所得を消費者物価指数でわって一〇〇をかけた実質個人所得等を求めるのに用いられている。しかしながら、消費者物価指数の動向はしばしば多くの家計の生活実感を伴わない。なぜならば、消費者物価の水準は、平均的な所得の家計の消費活動から推計されているが、所得分布は高所得の家計があるために所得の中央値より平均値が高くなるのである。しかも、低い所得になるほど生活費に占める必需品の割合が高いのである。

ところで、生産額と中間投入に関わる経費との差額は産業内部に留保される。これは、生産活動のもたらした広義の収益とみられるので総付加価値とよばれる。そのうち会社は、固定設備の減価償却などの固定資本減耗を控除し、また製品の出荷に際して課せられる間接税、消費税、酒税やガソリン税などを支払う。さらに、総付加価値額から、これらを差引いた残りだけが産業の内部で分配できる所得であり、これを純付加価値額という。また、国民所得は、労働、資本や土地などの生産要素に支払われた価格の合計となっているので、総付加価値合計が国民総生産である。ちなみに、国民総支出（GNE）と国民総生産（GNP）は、定義上必ず等しくなる。中間需要は、他の財・サービスのために用いられて消滅してしまうので、各産業の総生産額のうち生産活動の成果として残るのはGNPとGNEである。

二一世紀になってから、各国において国民総生産のかわりに国内総生産GDPが尺度として用いられている。また統計誤差があるため、生産側からの推計値と支出側からの推計値を一致させるための誤差項を統計上の不突合として計上することで、二つの側面から推計した国内総生産GDPが一致する。

「国内」概念は文字通り国内において合計するので、国内でえられた外国人の所得で海外に送金される所得、海外における日本人の所得で日本に送金されるものを含まない。したがって、国民総生産は国内総生産から対外要素支払いである利子所得および送金等を差し引き、海外からの日本への要素支払・要素所得を加えたものである。

日本における国民経済計算では二〇〇四年度から国内総生産という表記をやめ、国内総生産（支出側）とした。雇用者報酬や営業余剰・混合所得など分配面からの国内総生産は国内総生産（生産側）と表記されている。国内で生産された付加価値額の合計の内訳は、

国内総生産＝雇用者所得＋営業余剰＋固定資本減耗＋生産・輸入品にかかる税－補助金

となる。国内総生産から固定資本減耗を除くと国内純生産となる。

国内総生産（支出側）は需要面からは大きく、民間最終消費支出、政府最終消費支出、総資本形成、財貨・サービスの純輸出に分けられている。総資本形成は、民間住宅投資、民間会社設備投資、公的資本形成、民間在庫品増加および公的在庫品増加となる。財貨・サービスの純輸出も、財貨・サービスの輸出と財貨・サービスの輸入に分けて分析されることが一般的である。また民間の在庫品の増加には、意図したものと売れ残りが含まれていることに留意する必要がある。

ところで、民間最終消費支出には、家計の最終消費支出が含まれており、家計の消費行動という意味では、家計による最終消費支出の動きを見るべきである。またこの支出には、持ち家の保有から自動的

に支出がきまる持ち家の帰属家賃が含まれているため、家計の消費意欲や所得の変動による消費の動きをみるうえでは、家計最終消費支出から持ち家の帰属家賃を差し引いた動きに注目する必要がある。

ところで、商品やサービスの国際間の取引を含む経済においては、国民総支出というのは、その経済における最終需要から輸入を引くことによって、国内総生産に対してどのような需要が対応したかをとりまとめたものである。なお、商品・サービスの輸出入の差額は、国際収支勘定における資本取引以外の収入支出の差にみあっており、これを経常収支という。この点に注目すれば、国民総支出は国内需要と経常収支の和となっている。

国際収支は、経常収支と資本収支とからなり、すべての国の経常収支をたしあわせると理論上はゼロとなる。経常収支は、商品の取引である「貿易」、海外旅行などに関連する支出「サービス」、外国への債券投資や海外への直接投資から利子・配当収入を表す「所得」と発展途上国への政府開発援助などの「移転」収支からなる。

資本収支は、投資収支とその他資本収支からなるが、その境界は必ずしも明らかではない。投資収支は、経営への支配を目的とした直接投資（原則として出資比率一割以上）と債券投資などの間接投資からなる。債券投資には、金融派生商品、貿易信用や外国通貨の保有が含まれる。その他資本収支には、固定資産の取得・処分にかかる資金の移転等が計上される。

3　国民経済計算体系

国民所得統計は、一九五三年に政府から国民所得報告として発表され、毎年公表されている。その後、日本の所得統計は、国際連合をはじめとして諸外国における推計基準の影響を受けており、「概念、定義、分類および勘定規則に基づく一貫した国民経済の統計の体系」である。生産物の定義は、市場で取引されるすべての商品やサービス、さらに政府や民間の営利目的でない団体が無料で家計や地域社会に提供するすべての商品やサービスが含まれている。しかしながら、家計における家事労働は排除されている。ちなみに、国民経済計算への貢献により一九八四年にリチャード・ストーンは、ノーベル経済学賞を受賞している。彼はフランソワ・ケネーの経済表に着想をえて、複式記帳による国民所得統計の導入を第二次世界大戦中より試みており、その成果はケインズの助力により白書として出版された。

一九六八年に国際連合は、国民経済計算の体系を採用し、国民所得勘定を中心に商品やサービスおよび資金の流れや循環を、ある一定期間の取引の価格で測られるフロー、およびある期間末の残高ストックという側面から把握するために産業連関表、国民所得勘定、資金循環勘定、国際収支表と国民貸借対照表という五つの経済指標を統合した。この体系により、商品やサービスおよび資金の国際間での流れがより正確に把握されるようになり、国際間の経済活動の比較もより容易にできるようになった。

国民経済計算の体系は、一定期間の取引のフローを取り扱うが、フロー取引の結果として、あるいは期間末に資産価格の変動の結果として残る残高ストックを示すのが、この国民貸借対照表勘定である。この勘定では、金融資産・負債だけでなく、住宅、ビル、機械設備、社会資本などの生産資産、土地、森林など有形資産の価値が評価される。また、国民経済計算の推計には、暦年および四半期別の確報のほか、国民経済計算の一部である国内総生産および雇用者報酬に関して四半期ごとに公表される四半期別ＧＤＰがある。

この体系において生産を扱う場合は、経済活動による分類がおこなわれるが、分配や支出などの計上は五つの制度部門の分類による。このうち非金融法人企業は、民間の事業法人と公団などの公的企業からなる。金融機関は、銀行、証券や保険などの民間金融機関と日本銀行をはじめとする公的金融機関を含んでいる。一般政府は、公共部門から公的企業と公的金融機関を除いた部門であり、一般行政、教育や廃棄物処理などを含む。家計は、基本的には消費者であるが、個人企業の会計が分離できないため、生産主体としての側面もある。対家計民間非営利団体は、私立学校、文化団体や社会福祉団体など民間の自発的な意思によって結成され非営利的な活動に従事する団体である。

ところが、社会が大きく変わり、政府の役割の変化、通信・コンピュータ等に代表されるサービス活動の重要性がまし、金融市場の複雑化が急速に進んだため、新たな国民経済計算体系を整備する必要が生じた。このため、一九九三年に新しく国連が提示した93ＳＮＡにおいて、形式、項目の名称や概念、主要な集計量の一つである国内総生産（ＧＤＰ）と上記五勘定の整合性の確保のためにいくつかの変更がなされた。

93ＳＮＡでは会社によるコンピュータ・ソフトウェアの購入分について、生産の段階で消費から変更し、総固定資本形成という投資として計上している。また、一般政府が所有する資産、社会資本については、従来その計測が困難であるという理由で減耗しないものとして扱われてきたが、耐用年数があり毎年減耗するものとして、今日では固定資本減耗を計上している。さらに、住宅は投資に計上されており、家賃の受払を伴わない持ち家の住宅について、通常の借家と同様にサービスが生産され、消費されたものと見なして、その家賃を市場で評価した帰属家賃として計上している。持ち家の帰属家賃は、家計の生産額に含まれる。日本では、二〇〇〇年からこの93ＳＮＡに基づいて国民所得が集計されている。[3]

4　産業連関表

国民経済計算への産業連関表の統合により国民所得統計は、所得や分配の側面だけではなく生産面から拡充されることとなった。注意すべきことは、各産業の取引や生産は金額表示でなされており、当初のレオンチェフ体系の量単位での表示はされていない。金額表示は、単位による金額で取引できる数量でもある。いいかえるならば、通貨単位で購入できる量を物量の単位として定義することによって、産業連関表を物量の表として解釈することもできる。

この金額表示に基づく産業連関表を利用することによって一国全体の経済動向を商品やサービスの生産面からより正確に把握することができるが、さまざまな産業において民間に保有されている資本設備や公共資本の量自体は明示的に扱われてはいない。また、産業連関表を利用することによってさまざまな産業間の関連をより詳細に記述することができ、公共事業の効果を評価し産業ごとの雇用者数の変化を知ることもできる。

産業連関表は、国際連合によって提案された68SNAから国民経済計算に統合され、93SNAさらに二〇〇八年のSNAまで継承されており、二酸化炭素の排出を含む分析への拡張も行われている[4]。

いいかえるならば、ある経済において商品は二つしかないとすると、商品一の自律的な消費がふえると、商品二の生産がふえることになる。その理由は、商品一の生産がふえるためには商品二の投入される量がふえなければならないからである。留意すべきことは、価格の変化は考慮されていないし、投入される労働量やそれぞれ商品の生産に必要な資本設備も明示的には扱われていない。

日本において作成されている実際の産業連関表は、四〇〇以上の部門に分割されており、生産者価格で表示されている。また、目的に応じて組替えるほか、簡単な分析で用いられる一〇四部門表や三二部門表が公表されている。

これらの表においては、産業から各産業や家計への商品の取引額が記されている。表を行方向にみると、各産業の産出物が、他の産業で原材料として利用される中間需要と、家計の消費、会社の投資などの最終需要への配分が示されている。また、列方向にみると、各産業が商品を生産するのに要した投入が、原材料などの中間投入と付加価値に分類されている。付加価値は、雇用者所得、資本減耗、補助金を差し引いた間接税と営業余剰に分類されている。ここで各産業の産出額である行合計と投入額の列合計が一致しているのは、営業余剰が売上げから費用を引いて求められる差額項目だからである。

産業連関表において行合計と列合計が等しく、総需要額が総供給額に等しくなっている。つぎに、各産業について行方向と列方向を見ると、国内生産＝中間需要＋最終需要－輸入＝中間投入＋付加価値がなりたつ。中間需要と最終需要には国産品と輸入品が含まれているので、輸入を一括して差引くことにより国内生産が算出される。産業の列方向からは、中間投入が付加価値がとなり、その行合計と一致する。産業連関表で用いる国内生産は中間需要を含んでいるためＧＮＰとは異なる。最終需要を全産業について合計するとの国内総生産ＧＤＰとなる。これはＧＤＰを支出面から測定したものであり、付加価値の合計と一致するが、最終需要と付加価値は、それぞれ行の合計、列の合計から中間投入を引いてえられる。

投入係数表は、各部門においてそれぞれ一単位の生産を行うために必要な原材料等の大きさを示したものであり、いわば生産の原単位表ともいうべきものである。各部門で粗付加価値部分まで含む投入係数の和は、定義上一となる。たとえば、農林水産業を行方向にみると、農林水産業が一単位の生産をおこなうに当たって、農林水産業自身、鉱業および製造業から一定の単位などの原材料等が中間投入されており、全体としてはある単位の中間投入が必要であったこと、また、その生産の結果として粗付加価値が新たに生み出されることを表している。

この章ではケインズの『一般理論』から生み出された、国民経済計算体系を説明したが、つぎの章ではこの体系から類推される国民所得と経済全体と雇用量の関係を論じる。

注

1　一九九二年にノーベル賞を受賞したゲーリー・ベッカーの人的資本理論によれば、雇用量も同質的ではなくなる。

2　93ＳＮＡおよび2008ＳＮＡではサテライト勘定で無償の家事労働やボランティア活動に言及している。「第一二章　一九九三年ＳＮＡの新たな挑戦」『入門ＳＮＡ――国民経済計算で読む日本経済』（大住荘四郎著、日本評論社、一九九七年所収）を参照。

3　国有財産は、貸借対照表において土地などの償却がない資産については、台帳価格で計上し、建物などの償却資産については、減価償却実施後の価額を計上し、株式会社の会計と同様に固定資産の使用に伴う価値の減少を取り込んでいる。

4　『環境の産業連関分析』（吉岡完治・大平純平・早見均・鷲津明由・松橋隆治著、日本評論社、二〇〇三年）および　W.Leontief, Environmental Repercussions and the Economic Structure: An Input-Output Approach, *Review of*

Economic Statistics, No. 52, 1970. 参照。

6章　有効需要と雇用

ケインズが『一般理論』で展開した経済理論の礎をなしているのは、有効需要の原理である。この原理により古典派の経済学の礎をなしている、供給が需要をもたらすという、セイの法則をケインズは否定した。その結果、経済全体の総供給量が総消費、総投資と財政支出からなる総需要量によって決まるという理論を提示した。これにより、有効需要によって決まる実際の国民総生産の水準は、古典派の理論において市場による自律的な価格の上下への変動によって達成されるとした労働者の完全雇用の水準を下回ることを明らかにしている。すなわち、成熟した資本主義経済では、資本蓄積による様々な商品の供給能力のたかまりによって、経済全体において労働者の不完全雇用が持続するのである。このような原理から、財政・金融政策を柱とする有効需要の管理によって、完全雇用を実現する国民総所得を達成しうるという総需要管理政策を提唱した。

1　需要と供給の調整

現代では商品市場における需要と供給の差における調整は、アダム・スミスが想定したような価格調整ではなく、ケインズの師であるアルフレッド・マーシャルが考えた数量調整によって達成されるとみなすことができる。実際には、多くの商品の需要量と供給量との差は、主に在庫水準の変動によって緩やかに調整されている。

ところで、レオン・ワルラスは、競争的な市場で需要と供給が一致するのは価格よる調整により達成されると説明した。ある商品の供給量はその商品の価格が高くなるにつれて多くなり、一方、商品の需要量はその価格がさがるにつれて多くなる。現在の価格で、需要量が供給量より多いとその商品市場において不均衡があり、需要量と供給量が等しくなるまで、価格変化により調整される。したがって、ある商品の価格は超過需要に応じてあがり、需要不足に応じてさがる。

ところが、ケインズの師であったマーシャルは、競争的な市場で需要と供給が一致するのは価格ではなくて、供給量・生産量が調整されることにより達成されることを明らかにした。超過供給または超過需要が生じつつも商品の売買が行われている市場においては、供給価格は需要価格とは異なり不均衡になっている。マーシャルの調整では、需要と供給の価格は等しくなるまで、供給量が調整される。供給量が不足していると会社は緩やかな価格の上昇に対応して市場への商品の供給量をふやし、超過供給になっていてその商品の価格が緩やかにさがっていると供給量をへらす。

ある典型的な会社は、一つの商品を生産しており、一つの組織であり、一定の機械設備と経営者と従業員から構成されている。またこの会社は、生産を行うために中間商品を購入する。会社は、実質的には固定的な生産要素から構成された有機体的な組織であり、経営者は、利益を求め合理的に行動すると想定する。

生産関数は $Y=F(L)$ で表され、雇用量 L がふえるにつれて、生産量 Y が緩やかにふえていく関係がある。この生産条件のもとで、会社は利潤を最大にしようとする。総収入から費用を差し引くと利益が求められ、総収入は商品の販売価格 P に総販売量 Y をかけたもので、短期の総費用は、名目賃金率 W に雇用量をかけたものである。

会社の利益が最大となる短期の条件は、$W/P=dF(L)/dL=dY/dL$ であり、労働の限界生産物 dY/dL が実質賃金率 W/P に等しくなるときに会社の利益が最大になることを示している。会社が短期の利益を最大化する条件である、労働の限界生産物が実質賃金率に等しいことを、ケインズは古典派の第一公準とよんでいる。

ところで、この会社が生産している商品への需要がふえると、物価があがり会社の利益はふえ、雇用量はふえる。ケインズの見解によれば、この代表的な会社の行動様式から、経済全体の生産量と雇用量の変動を類推することになる。したがって、ある経済において総需要がふえれば各々の会社はそれぞれの商品の生産量をふやし、それぞれの商品の価格は緩やかにあがり、それとともに各々の会社は雇用量をふやしていく。結果として、ある経済において総需要がふえると総生産がふえ、緩やかに一般物価水準はあがる。

2　有効需要の原理

個々人は、通常自人分の所得がふえるにつれてその増加分ほどではないが、消費をふやす。習慣的に生活水準を維持しようとして人間は行動し、実際の所得と習慣的な支出の差額が貯蓄となる。そして家計は所得が低くてもある水準以上を消費しなければならず、所得がふえるとともに消費もふえるが、その増加分は所得のそれより小さい傾向がある。消費の増加分の所得の増加分に対する割合を限界消費性向cとよび、これは一よりも小さく、短期的には安定している。

消費関数の意味するところは、人びとは所得がなくとも生きていかなければならないので、一定の消費がなされることである。したがって、労働者は失業している場合には、雇用保険や社会保障によって生活費を補填される必要がある。

家計は所得があるとその一部を消費支出にふりむけ、残りを貯蓄する。この典型的な家計の消費行動から類推される経済全体の総消費関数は、総消費 $C=C_0+cY$ と線形で近似され、ある経済の国民の総消費は国民の総所得がふえるにつれて緩やかにふえる。

もっとも、成熟した資本主義社会、岩井克人によるとポスト産業資本主義では、差異性を意識的に作りだして各々の会社は超過利潤を生み出す。差異性を意識的に作り続けられる産業とは、スポーツ、映画、音楽、テレビゲーム、服飾に関わるブランド商品やアニメなどの余暇産業である。そして、一九世紀の末に出版されたソースティン・ヴェブレンの『有閑階級の理論』における消費では、「閑暇と消費の世評の目的にたいする効用は、ともに、この両者に共通の無駄遣いの要素」と記されている。いいかえると、見せびらかしの余暇とブランド品などの浪費こそが他者の消費との差異をもたらし、そのことによって効用が人間にもたらされる。さらにジャン・ボードリヤールによると、消費とは記号化されたモノを通じた差異の表現であり、他者との差異を求める欲望には限界がないという[1,2]。

つぎに投資関数を考える。投資関数 I は説明をより容易にするためにしばらくは一定 I_0 と想定するが、会社の設備などの投資量に金利の変化があまり影響しないと考えてもよい。投資とおなじように政府支出も一定 G_0 で支出額はゼロとする。

経済全体における総需要 Yd は総消費と総投資の合計であるから、Yd は C_0+cY+I_0 となる。Yd は商品やサービス市場において需給を一致させる均衡国民所得でもある。この式を国民所得の均衡式に代入して Y について整理すると $Y=1/(1-c)(C_0+I_0)=(1/s)(C_0+I_0)$ となる。ただし s は限界貯蓄性向 $s=1-c$ であり、Y は商品・サービス市場において需給を一致させる国民所得である。

すなわち、国民所得は国民所得の変動にあまり左右されない消費と投資の自律的な支出である C_0+I_0 に限界貯蓄性向の逆数 $(1/s)$ を掛けたものに等しい。この $1/s$ は所得乗数とよばれ、貯蓄率の逆数であるから一より大きく、自律的な投資支出が一単位ふえれば国民所得は $1/s$ 倍ふえることを意味している。

さらに、輸出も外性的に X_0 で一定として、開放経済に拡張する。この輸出が外性的に与えられているとする根拠は以下の二つの理由からである。まず、この国が生産し、輸出する商品の価格は世界市場においてきまり、この国の供給量はその価格に影響しないからである。つぎに、この国は一定の費用で生産された工業製品を輸出しているが、需要不足により供給が制約されている。

しかしながら、外国の所得が明示的に扱われるときには、外国の所得の増加が輸出の増大をもたらす。輸入関数は消費関数と同じように国民所得がふえると増加するので、$Im=M_0+mY$ となる。M_0 と m は正の符号で、m は限界輸入性向とよばれている。これらの式を商品市場の均衡式に代入し、さらに政府の財政支出を一定として G_0 とすると、

$$Y=(C_0+cY)+I_0+G_0+X_0-(M_0+mY)$$

となり、この式を整理して変形すると

$Y=1/(s+m)(I_0+G_0+X_0+C_0-M_0)$

となる。

結果として、国内の雇用は輸出の増大とともに緩やかにふえる。このことから、輸出の増加がどれほどの国民所得の増加をもたらすかという貿易乗数は、つぎのように求められる。

$Y=[1/(s+m)]\cdot[dI+dG+dX]$

この式は、自律的な投資の増加または政府の支出が増加したのと同じ効果を、外国の景気の上昇による総輸出の増加が、国民所得の増加と雇用の増加にもたらすことを表わしている。

いいかえると、投資と政府支出の拡大および輸出の自律的な増加は、貯蓄性向sと輸入性向mの和の逆数をかけた分だけ国民所得を増加させるのである。自律的な投資や政府支出の増加が閉鎖経済でもたらす乗数と比較すると、この乗数は明らかに小さい。政府支出の拡大は、有効需要の増加から国民所得の増加をもたらすが、この国民所得の増加は外国からの輸入の増加という国内の有効需要からすると漏れを生じる。すなわち、国内で生じた有効需要の一部は輸入という経路をへて外国の有効需要となる。

ところで自律的な投資や政府支出は輸出から輸入を引いた経常収支にはどのような影響を与えるのだろうか。

国内における自律的な投資や政府支出の増加は国民所得をふやすが、輸出は一定のままで輸入をふやすので経常収支は悪化することになる。

さらに、もし世界に日本とアメリカの二国しかないとし、各々の国が生産している商品の価格と為替レートを一とすると、以下のように説明することができる。

$$Y=C+I+G+X-Im$$

を日本の商品・サービスの需給均衡式とすると、日本の輸出はアメリカの輸入で、日本の輸入はアメリカの輸出になるから、アメリカの商品の需給均衡式は

$$Y^{*}=C^{*}+I^{*}+G^{*}+Im-X$$

となる。したがって、ドルの日本円への切りあがりにより、アメリカにおいて日本からの商品の価格がドル建てで下がると、日本からの輸入量が一方的にふえ、アメリカの景気が後退してアメリカ人の雇用がへる可能性を示唆している。

国際経済摩擦は、国民の雇用をめぐる摩擦である。

3　経済成長率と寄与率

国民総生産ＧＮＰの増加率で表される経済の成長率に、各需要項目がどの程度寄与しているのかを表す指標として寄与率がある。

すなわち、寄与率は、国民総支出GNE（Y）を構成する民間消費支出C、民間総固定資本形成I政府支出G総輸出Xおよび総輸入Imなどのそれぞれの項目が、ある期間の経済成長にどれだけ貢献したかを見るための指標である。その考え方は、一定の期間について、GNEの成長率を求め、その成長を達成するために、それぞれの構成要素が何パーセントずつ貢献したかを見ようとするものである。国民総支出は国民総生産に等しく、国民総支出の定義により以下の式がなりたつ。

$$Y=C+I+G+X-Im$$

また各構成要素の増加分をたしあわせると、国民総生産の増加分となるので以下の式が成立する。

$$dY=dC+dI+dG+dX-dIm$$

ところで、国民総生産の成長率 dY/Y は以下の式で表される。

$$dY/Y=C/Y\cdot dC/C+I/Y\cdot dI/I+G/Y\cdot dG/G+X/Y\cdot dX/X-Im/Y\cdot dIm/Im$$

すなわち、GNEの成長率は、各構成要素の成長率の加重平均になっている。したがって、民間総消費の成長が経済成長率に与える寄与度は、

$(C/Y\cdot dC/C)/(dY/Y)$ により dC/dY

であらわすことができる。

4　歳入と歳出

アダム・スミスの租税原則によると、租税は国民の能力に応じて、比例して支払われるべきで、その支払方法および支払うべき金額は明確でなければならない。さらに租税は納税者にとって最も便利な時期・方法で課税され、課税する政府だけでなく課税される国民の負担する費用を含めて徴税費用を最小にしなければならない。それでは、国民は、各々どれくらいの会費をどのような方法で支払えばよいのか。現在、先進諸国では徴税費用を少なくし市場機構を出来るだけ円滑に機能させるために、所得税から消費税への依存度を高める傾向にある。

国民の払うべき会費の問題に答えるには、まず国民全体が望む公共サービスの水準をきめなければならないが、ただ乗りの問題があるためにそれは困難である。社会における多くの人びとのただ乗り行動が、便益がなんら存在しないところでの人びとの行動、たとえば、投票に行こうとしない傾向を明らかにしている。公共サービスの水準を国民に問うたところで、ただ乗りする人びとがいる限り国民が本当に必要としている公共サービスの水準はわからない。

それでは、公共サービスの水準を現状のままとして、政府の歳出を一定としたときに、誰がどれだけの会費を支払うべきなのだろうか。これにも政治経済学は明確に答えられない。まず、すべての歳入は消費税とし、すべての商品に一律に一割の税率をかけてみる。すべての商品の価格はすべて一割ましになるので、それぞれの商品の相対価格は以前のままで、市場への攪乱はなく、一見、市場の資源配分にも問題がないように思われる。しかしながら、低所得者が生活を維持するのに必要な必需品と高所得者しか購入しない奢侈品に同じ消費税率がかけられるとき、低所得者は必需品の購入を差し控えることはできないが、高所得は奢侈品の購入を控えることができる。その結果、市場において人びとの欲するさまざまな商品やサービスの消費量が変化し、それぞれの相対価格が変化する。

つぎに、一割の比例所得税をすべての所得者にかけるとすると、一〇〇〇万円の所得がある人は一〇〇万円税金を納めることになる。高所得の人びとは多くの税金を払うことになるが、その所得を稼ぐために彼らよりも少ない所得しか稼げない人びとに比べてより多くの公共サービスの恩恵を受けているとすると、しかるべき対価を払っているといえる。この税率で、人びとの労働意欲がそれほど低下しなければ、政治経済学的には問題がないが、現実には、個々の人びとの所得を正確に税務署が把握することを含めて、所得税の徴収には消費税に比べて高い費用がかかる。

さらに、相続税によってある個人の人間における生まれながらの経済状況、特に資産の保有量をできるだけ近づけることができる。ケインズは、所得税に関しては累進性を、遺産には相続税をかけて数世代で個々人の初期保有の資産が同じようになることを提唱しているが、この立場はイギリスの社会学者マイケル・ヤングの言葉を使うならば、能力主義・メリトクラシーとみなしうる。

しかしながら、ハイエクによれば、自由な資本主義社会においては、偶然や運によって大金をつかむこともあるし、入念に計画した事業に失敗して借金を抱えることもある。したがって所得の再分配はできるだけ家族や親族、または血縁者の中で行われるのがよい。そうでなくては政府が社会保障のために税や年金を強制的に徴収して所得の再分配をおこない、政府は肥大化し非効率的な資金の運用がふえ、資本主義のダイナミズムは喪失してしまう。

5　財政の持続性

ところで、経済成長率と財政の持続性には以下のような関係がある。財政の持続性は、国債残高の名目国民総生産の比率 D/Z の変化率で推測することができる。これは、総租税 T は国民総所得の一定割合の $T=tZ$ と想定されることによる。また名目国民総所得は一般物価水準 P に実質国民所得 Y をかけたものであるので、実質国民所得 Y が伸びるとともに物価水準 P が上がれば、財政の持続性の指標はさがり、財政の持続性は高まる。

具体的には、持続性の指標を $IG=D/Z$ とし、対数をとり微分すると、

$$dLnIG=dD/D-dZ/Z$$

となる。さらに $Z=PY$ であり、対数をとり微分すると、

$$dZ/Z=dP/P+dY/Y$$

となる。したがって、上の式は、

$$dLnIG=dD/D-dZ/Z=dD/D-(dP/P+dY/Y)$$

となるので、財政の持続性は物価上昇率と経済成長率があがると高まる。いいかえると、一般政府に巨額の債務がある場合には、財政の持続性に関してインフレは増税と同じ意味をもつ。ただし、Pは一般物価水準でdPはその一年間の増分であり、dP/P×一〇〇は、パーセントで表わしたインフレ率にほかならない。

また、一般政府の予算制約式は以下のようになる。

$$dD+T=G=G, +iD$$

この式は、一般政府の予算制約式といわれるものであり、ある期の一年間の総租税Tと新規の公債発行dDが一般政府の歳入であり、これが政府の一般支出$G,$と政府債務残高Dへの利払いiDから歳出は構成される。ところで、国債残高がなければ均衡財政では$G=T$となる。

それでは、消費税率をあげた場合にこの持続性はどう考えられるのだろうか。消費税率を五パーセントあげると、少なくとも小売業者はこの消費税を商品の価格に転嫁するので少なくとも四パーセント程度は物価水準があがる。物価水準は四パーセント程、租税収入は五パーセント程度あがり、実質国民総生産があまり低下しなければ、財政の持続性は改善する。ただし、この前提は政府の歳出がこれ以上拡大しないということと、消費税の税率の上昇にもかかわらず総消費はほとんど低下しないということである。さらに、物価の上昇にもかかわらず金利があまりあがらないことが重要であり、物価が四パーセント程度あがり、金融市場は瞬時に調整される場合には、数年間にわたって国債の名目金利が二から三パーセントあがる可能性が高い。

日本では一九八九年四月に三パーセントの消費税が導入されたが、年率の消費者物価上昇率は、八九年が二・七、九〇年三・七、九一年二・七パーセントであった。消費税率は、一九九七年四月からさらに二パーセントひきあげられて、五パーセントになったが、年率の消費者物価上昇率は、九七年二・一、九八年〇・六、九九年がマイナス一・一パーセントとなっている。

さらに、政府の税収は、三パーセントの消費税が導入された一九八九年度（平成元年度）には、法人税や所得税がふえたため前年度より伸び、それは九〇年まで続いたが、九一年より低下している。消費税が二パーセント引き上げられた一九九七年度年には、消費税により税収はふえたが、景気悪化のために、法人税と所得税の税収の低下のために税収は前年度より減少している。ちなみに、消費税が導入された一九八九年の名目GNPの成長率は七・八、九〇年七・九、九一年六、九二年が二・五パーセントであり、二パーセント引き上げられた九七年一・五、九八年マイナス一・九で、九九年がマイナス〇・二パーセントであった。

また、世代を超えて維持可能な年金制度を考えよう。一五歳から六四歳までを労働人口というが、ある社会は、労働して所得をえている現役世代と退職して年金でくらしている高齢者世代という二つの世代から構成されるとする。

たとえば、二〇〇〇年の現役世代の人口は一〇、〇〇〇人で高齢者世代は二、五〇〇人である。二〇二〇年の現役世代の人口は九、〇〇〇人で、二〇二〇年の高齢者世代人口は三、一五〇人とする。

このような人口動態の予測のもとで、個人への年金を二〇〇万円として、この世代の年金はすべて現役世代の税金で賄われる賦課方式とする。この場合、現役世代の個人への税金額はいくらになるのだろうか。ただし、二〇〇〇年と二〇二〇年の現役世代の個人の平均年収を各々一〇五〇万円と一〇七〇万円とする。この前提で、現役世代の年金のための納入額は二〇〇〇年が五〇万円で、二〇二〇年で七〇万円となり、二〇二〇年の現役世代の負担率が若干上がっている。

この結果は、ある経済で労働人口が低下していく場合に、賦課方式が世代間の不公平感から維持困難であることを示唆している。

積立方式とは、若い現役時代に払い込んだ金を積み立て、老後にその金を受け取る仕組みであるが、この仕組みが有用であるためには、市場の競争にさらされている私的な金融機関と同様に年金の運用が効率的であることが前提となる。そうでない場合には、個人が受け取る年金の額はできるだけ少なくし、退職後の生活の資金は、個人の資産の運用に委ねられることになる。

この章では、国民経済における政府の役割を論じたが、つぎの章では、紙幣という管理通貨制度のもとでの銀行における経営者の行動を説明する。

注

1 『消費社会の神話と構造』（ジャン・ボードリヤール著／今西仁司・塚原史訳、一九七九年、紀伊國屋書店）。

2 『消費社会と権力』（内田隆三著、岩波書店、一九八七年）の第一章「消費社会におけるシステムの論理」によると、消費社会の産業システムはモノの限界効用を高めるよりも、限界差異を高めることによって、より膨大なモノのフローを獲得する方向へ転換していった。

7章　管理通貨制度の下での銀行業

一七世紀末にはイギリスにおいて多くの銀行が裁量的に発行する金や銀と交換できる兌換銀行券が現れ、一九三〇年ごろまでには先進国において中央銀行券という紙幣による管理通貨制度が成立した。しかしながら、市場に安定した貨幣を供給し、市場参加者に貨幣共同体への永続性への信頼を維持するためには、安定した短期金利の変動の下での安定した銀行経営と、情報の非対称性の下での第三者機関による銀行業の監視・監督が不可欠となる。

1　紙幣の登場

マルクスは『資本論』の「世界貨幣」において以下のように述べている。「一七世紀中頃、貨幣は、国内から海外に出るとともに、その国での価値尺度としての鋳貨、補助貨幣の形態を脱ぎ捨て、貴金属の本来の地金形態にかえることになる。世界貿易においては、商品はその価値を世界的に展開しなければならない。したがって、それらの商品の独立した価値形態は、商品として、世界貨幣として、また対峙することになる。世界市場ではじめて、貨幣は充分な範囲で商品として機能する。そしてこの商品の自然形態が、人間労働の社会的な実現形態である。国内の流通においては、価値尺度、したがって貨幣として用いられうるのは、ある一つの商品だけである。世界市場においては二重の価値尺度である金と銀が支配的」となる。

一八四四年にイギリスでは、銀行条例により国内で貨幣として機能する貴金属だけを流通させようとし、イングランド銀行に銀行券を銀地金に基づいて発行することを許した。このとき、銀準備は金準備の四分の一をこえることはできず、ロンドン市場では金の価格により銀の価格はきまった。金本位制を採っていた国はすべて通貨の価値を金で規定していたので、ある通貨と他の通貨との間の交換比率である為替レートは固定されていた。

ところが、一九三〇年代以降に金融市場が整備され、世界の先進諸国において、管理通貨制度が採用されるようになった。この制度においては、ある一つの国の経済圏において、商品・サービスの取引のために利用される通貨・貨幣は、中央銀行券すなわち紙幣となったのである。したがって貨幣の供給は各国の中央銀行によって管理されることになった。貨幣はようやくそれ自体が希少性という価値をもつ金銀から解き放されて、取引相手の誰もが受け取ってくれるという一般受容性を、国家という権威によって与えられた紙幣となったのである。この一般受容性が、ある国の司法・行政制度に支えられたものであることはいうまでもない。通貨発行権をもつ人が振り出した証書（紙幣）をそこにくらす誰もが受け取ってくれるのならば、富の蓄積が可能になることは容易に理解されるが、他方で通貨・貨幣発行権の掌握によって生じる富と、その分配に関する権力関係はヴェールの下に隠されることになった。

管理通貨制度が最初に完成したイギリスにおいては、民間銀行による自由な貨幣発行から生じる金融混乱を避けるために、法律によってイングランド銀行による貨幣の発行の独占が実現した。今日、この制度に正面きって反対する経済学者はいない。ちなみに、イングランド銀行は、一九四六年に労働党の政権下で国営化された。政府による市場経済への介入によって経済調整を行うことを極力排除しようとするマネタリストでさえ、貨幣の発行は非常に重要であり、中央銀行による独占権を認めている。

しかしながら、ハイエクは『貨幣発行自由化論』において、貨幣も市場においては商品の一つにすぎないので、民間銀行が自由に発行すればよく、市場の参加者に自由に発行させればよいと提唱している。巨大銀行の貨幣の自由な発行により、時がたつとともに、より経済価値が安定し、さらにより広範囲に使われる貨幣が市場において選択され、究極的にはただ一つの貨幣が市場で生き残ることになるかもしれない。いずれにしても、法律によって中央銀行にだけ貨幣発行権を認めるのはもってのほかということになる。

政府による強制からの自由が、ハイエクの『自由の条件』の主張であるが、すでに、管理通貨や欧州連合の大半で共通通貨ユーロが流通している。貨幣の発行が、中央銀行に独占されている資本主義経済では、貨幣への信頼をもたらす政府の適宜な市場への介入なしには、市場は機能しないのである。

2　貸し手と借り手

この節では、貸し手と借り手の間に情報の非対称性があるために、安定した投資のためには、より低い水準での安定した金利を維持することが重要であることを指摘する。なぜなら、投資家は金融・資本市場において、究極的には当期の市場の感触以外の何物でもないものにもとづいて自分たちの期待を形作って投資を行っているからである。このことは、市場参加者が、意識して他人の判断に頼ることによって、将来がどうなるのかのはっきりした考えをもっていないことを明らかにしている。

銀行貸付市場が商品・サービス市場と区別されるのは、一般的に商品・サービスの取引には引渡しと支払いが同時に行われるのに対して、銀行貸付においては元金と利子を契約にしたがって返済するという約束をすることによって取引が始まるからである。ところが、将来に約束が守られるかは銀行貸付市場では確実でないし、また、約束が履行されるかどうかを市場において客観的に判断することも難しい。借り手は、最初から返済の意図がまったくないかもしれないし、または当初計画した事業でない他の分野に無理な投資を強行する場合もあるだろう。さらに、場合によって銀行は借り手の会社の投資後の収益を監査する必要が生じる。

銀行がもっている借り手の情報が借り手自身の情報と合致しないという情報の非対称性の問題は、明日の天気や宝くじに当たる可能性とは属性が異なる。つまり、資金の需要者は、供給者が自分の情報を十分に持ってないという事実を利用することによって、銀行貸付が当初予定されていた設備投資として実現させないという誘因をもつ。

この情報の非対称性の問題によって市場において価格のみえざる手が正しく機能することができず、市場の失敗をもたらす可能性が高くなる。いいかえるならば、自由な市場に参加している個々人の間に様々な商品やサービスに関する情報の量や質に差があるときに市場は不完全なものになる。

二〇〇一年にノーベル賞を受賞したジョージ・アカロフは、中古車市場における中古車の品質に関して需要者と供給者の間に情報の非対称性が存在するとき、中古車に対する超過需要がゼロとなり、均衡価格は存在しない可能性があることを明らかにした[1]。中古車市場において、潜在的需要者は中古車の価格がさがるときに品質の良い中古車の供給がさがったものと判断する可能性が高く、したがって価格の下落が、必ずしも需要の増加をもたらすことはない。アカロフの中古車市場に関する議論は銀行の貸付市場にも同じように応用できる。

アカロフと同時にノーベル賞を受賞したジョセフ・ユージン・スティグリッツは、アンドリュー・ワイスとともに発表した論文において、銀行が、市場において貸出金利をあげると、より安全な借り手が市場から脱落してしまうという逆選択を初めて明らかにした[2]。情報の不完全性も不確実性もない場合には、銀行が金利をあげると、供給された資金に対する利子収入を増加させることになる。しかし、資金の貸し手と借り手の間に情報の非対称性がある場合には、中古車市場と同じように信用状態が良好な借り手の一部が、より高い金利の下では信用市場から退出してしまう。

したがって、債務不履行の可能性が高くなり、貸出金利の引上げに比例して銀行の予想収益はふえることにはならない。もし確実に債務を返済することができる安全な借り手の相当な数が市場から抜け出し、債務不履行の確率がかなり高まるならば、金利の引上げがかえって貸し手の予想収益をへらしてしまう。したがって、貸し手の予想収益を最大化する貸出金利の水準が、資金の超過需要がゼロになる水準と同一となる保証はない。信用市場が競争的であっても信用に対する超過需要が存在する水準で市場金利が決まる信用割当がおこる。

貸出金利の引上げが債務不履行の可能性を高める結果をもたらすということは、安全な借り手が信用市場から退出するという「逆選択」効果と、借り手を危険性が高い事業へ投資させる「逆誘因」という効果、すなわち会社の経営者における倫理の欠如・モラルハザードとして説明することができる。ところで、銀行の貸付契約は借り手が負の消費ができないという条件のもとで、貸し手と借り手にとって合理的な債務契約である。この契約は、貸し手にとって安全な債券に投資してえられる収益と同じ収益がえられるという主体的な合理性をみたし、さらに借り手が負の消費ができないという条件をみたしつつ、借り手が常に投資の結果を貸し手に明らかにするという誘因両立性をみたす契約であるからである。

借り手が、投資プロジェクトからどのような収益が生じたかを明らかにしない場合、貸し手はその情報をえるために、借り入れ会社の経理帳簿を監査し、監視するなどの費用をかけることになる。会社における予想利益の最大化は、投資プロジェクト自体の収益率を与えられたものとして監査費用を最少にすることによって達成される。したがって、監査されたときには、実現した収益全部を貸し手に支払うのがよい。すなわち、借り手が償還金額を払える場合には一定の元利合計を払い、借り手の収益がそれ以下の場合には全収益を貸し手に渡すという債務契約になる。ただし、貸し手が会社の資産を強制的に清算できる権利を有していれば、払えるだけの金額を支払おうとする動機を借り手に与えることができるので、契約は債務契約になる。ところで、貸し手が借り手に融資する際に担保を要求する場合、十分な担保をもつ借り手はより低い金利の、担保をもたない借り手は、高い金利の貸付契約を選択する。

3　代理人としての銀行

銀行は、信用市場で最終的な資金の貸し手と借り手の情報の非対称性によって生じる監視・監査費用を節約する効率的な会社である。すなわち、まず、銀行の金融仲介により借り手を監査する費用の重複が避けられる。つぎに、銀行が保有する資産の多様化は、負債比率が極めて高いにもかかわらず、融資先の会社の倒産の可能性を大きくへらすことによって、預金者による銀行への監視費用を不必要なものにする。これらにより、銀行の存在価値は高まる。

ところが、最終的な貸し手と借り手との情報の非対称性がある場合には、代理人費用が生じる。金融取引を仲介したり、借り入れ会社の投資収益を審査したり、借り手を多様化して危険を分散し、さらに債務の取立を代行することによって銀行が経済の効率性を高めていることを、ダイヤモンドは明らかにした[3]。すなわち銀行の存在理由は、経済全体に関連する不完全情報の問題を改善するために支出されなければならない情報のための費用の削減である。

資金をもたない一つの会社が、m人の貸し手から一定の投資資金を調達しようとする場合の契約の形態を考えてみる。もし貸し手が資金を貸し出した会社に対し会社の投資からえられた収益をしるためには費用がかかるとし、収益の確率分布だけがただで与えられるとするならば、会社が破産宣言をしたとき、その会社の実際の収益を監査しようとする。

貸し手と会社との間に貸付契約が成立し、会社が債務を返済できないとき、貸し手には金銭的な損害が生じる。会社が破産した場合、貸し手にとっての貸付前の予想費用をBとする貸付契約を考えてみる。監査費用として収益がえられる前にkの費用が事前に支出されているとすると、債務者が破産を宣言した場合、非金銭的な破産費用が債務者に生ずるか、破産費用の代わりに監査費用を債権者が負担するか、または、貸し手が代表者をだしてその代表者に監査を委任しようとする三つの貸付契約の形態が考えられる。

監査を前提にする二番目の契約が実行される場合、会社が破産宣言すると監査費用としてmkの支出が生じる。あるいは、一部の貸し手だけが監査をおこなおうとすると、債権者間のただ乗りの問題が生じる。したがって、貸し手は代表者をだして、その代表者に監査を委任するという誘因が生じる。ところが、代理人として委ねられた代表者が正しく監査の任務を果たして貸し手に監査内容を正確に伝えるかには、代理人費用の問題がある。すべての経済主体が危険中立的ならば、代理人による委任監査契約が結ばれるためには$k+D<Min\,[B、mk]$の不等式の成立が必要となる。

代理人に監査を委任する契約が結ばれると、監査費用を$(m\text{-}1)k$だけ節約できるが、代理人が監査内容すなわち、会社がえた収入の規模に関する情報を独占しているため貸主に監査内容を正確につたえるかという誘因の問題を解消する代理人費用が生じ、代理人費用が監査費用の減少分$(m\text{-}1)k$より低い場合そのような契約が成立する。

したがって、銀行が存在するためには以下の条件が必要となる。貸主が預金主としてその立場が代わった時にも最低限同一の期待収入が保証されること、仲介による期待純収入、すなわち貸出による予想収益から監査費用と預金者へ契約された金額を支払えないことがもたらす破産費用の期待値の差がゼロより小さくないこと、さらに、会社も銀行より借入れるときの予想純収益が貸し手から直接調達する場合より小さくないこと、が満たされる必要がある。

たとえば銀行が、m人からの預金を受けて、一つの会社のみに貸出をおこなう場合、監査費用だけでなく会社が倒産したときの破産費用まで支払うことになるため、その銀行の存立は難しくなる。しかし、融資する会社の数が二つにふえ、また二つの会社の収益に正の相関関係がない場合、個別会社当り平均委任費用あるいは代理人費用はへり、その分だけ競争力がえられる。これは二つの会社ともに倒産する確率が一つの会社の倒産確率より小さいから、総破産費用はふえるが、破産費用の期待値はへるためである。

このことは、金融市場が円滑に機能するためには、第三者機関による銀行業自体の監視・監査も必要であることを示唆している。

4　政策変数としての貨幣供給量

この節では、従来日本において影響力を持ってきた貨幣乗数理論を説明する。この理論では、中央銀行が、市場にでまわり、国民所得の変動に影響を与える貨幣供給量を管理できると想定している。政府・中央銀行が通貨発行権を有している管理通貨制度においては、通貨それ自体はほとんど資産価値や使用価値をもたない紙幣が貨幣である。これは、紙幣が政府という権威のもとに一般的受容性を付与されて市場に流通しているからである。

日本国内では円という通貨が紙幣、硬貨、銀行預金、要求払い預金という形で供給されている。通貨はマネタリーベースと預金通貨に大別される。マネタリーベースとは、中央銀行の直接の短期債務である日本銀行券、硬貨の補助貨幣および市中銀行が日本銀行に預ける法定支払準備金からなる。貨幣は取引の決済、価値基準および価値保蔵の機能をもっている。

それではこの市場に流通しているマネタリーベースHと貨幣供給量Mの関係はどのようになるのだろうか。貨幣乗数理論では、$M=bH$と想定しており、これはある一定期間のマネタリーベースの残高と貨幣供給量というストックの関係を表わしている。この式においてbは貨幣乗数とよばれ、短期的には一定と考えられている。このことは、中央銀行が供給するマネタリーベースの数倍の貨幣供給量が市場全体に流通することを表わしており、貨幣供給量は政策変数とみなされる。

ところで、現金をCとし、市中銀行が保有する中央銀行への預け金である法定支払準備をRとすると、$H=C+R$となる。また、貨幣供給量Mは銀行以外の民間部門が保有する現金通貨Cと銀行預金Dの総和

であるから、$M=C+D$ である。さらに、

$M/H=(C+D)/(C+R)=(C/D+1)/(C/D+R/D)$

であり、現金：預金比率 $C/D=q$ で、預金準備率 $R/D=r$ であるので

$M=(1+q)/(q+r)\ H=bH$

が成立する。この式は、貨幣乗数理論を表しており、中央銀行が供給するマネタリーベースの一定倍が市場で流通している貨幣、現金通貨と銀行預金であり、中央銀行が総量を制御できる式とみなされている。

5　貨幣需要

ケインズの流動性選好説では、貨幣保有の動機は三つである。それらは、取引動機、予備的動機と投機的動機である。

ケインズの『一般理論』が執筆された時代には、短期金融市場が未発達で、貨幣の、資産としての代替物は国債および長期社債であるとみなされており、人びとの流動性選好が強くなればなるほど、現金から債券へ乗り換える際の機会費用となる金利は高くなる。

まず、貨幣数量説を使って貨幣への取引需要を考えよう。貨幣数量説は、$MV=PY$ と表される。ただ

しMは貨幣の供給量、Vは通貨の流通速度、Pは物価でYは取引数量で一年間の実質の国民総生産量である。具体的には、

$$PY=P_1Y_1+P_2Y_2+P_3Y_3+\ldots+P_nY_n$$

となる。ここでY_iはi番目の商品の生産・取引数量の総計で、P_iはその商品の単位価格である。左辺のVは社会に存在する通貨が何回回転して取引を媒介したかを示す貨幣の流通速度とすると、MVは貨幣が何回もち手を変えて媒介した取引の総価値額である。ところで上式は、

$M=1/VPY$　または　$M=kPY$

と変形することができ、kは通貨の流通速度の逆数で、ケンブリッジのkとよばれる。この二つの式の右辺は貨幣需要でそれは名目国民所得PYに比例する。つまり名目国民所得で代表される経済の活動水準が高まれば高まるほど、取引が活発となり、取引を媒介する貨幣の需要も高まるという関係にある。

将来の会社の生産や家計の消費にかんする取引については、不確実性が多く、いつ予想しない出来事が起こって現金が必要となるかわからない。そのとき現金や普通預金をもたなければ他の財産を急に処分して現金を入手するか、不利な条件で借金をしなければならない。これらはいずれも不便さや高い取引費用を伴うので、貨幣をもっていることが有利となる。

さらに、人びとは利子つき債券をもつか、それとも貨幣をもつかという資産選択の問題に直面する。資産保有者が債券の値下がりを期待して貨幣をもとうとする動機から生じる需要は、人びとが平均的に

成り立つと考える金利と実際の金利との相対的な関係によって左右される。いいかえると、現実の金利が予想平均値よりさがり、債券価格があがればふえ、金利があがり債券価格がさがれば、貨幣需要はへることになる。その理由は以下の通りである。

株式や国債等の利子つき債券の価格は金利とともに変動する。長期的に成立すると思われる金利を ip とすれば毎年一万円を利子として支払うことを約束する国債の価格はおよそ一万円に ip の逆数を掛けたもの、すなわち $1/ip$ 万円である。たとえば、長期期待金利が五パーセントであれば、この国債の価格は二〇万円（一万円÷〇・〇五）となる。

これは毎年一万円ずつ永久に払うという利子収入の割引現在価値は一万円×$(1/ip)$ に等しい。市場で成立している長期金利が ip の場合、来年もらえる利子一万円の今年の割引価値は $1/(1+ip)$ 円で、再来年の利子一万円の今年の割引価値は、$1/(1+ip)^2$ である、したがって、期間 n が十分に大きいと想定すると、

国債の割引現在価値＝ $1/(1+ip)+1/(1+ip)^2+1〔1+ip)^3+\ldots+1/(1+ip)^n=1/ip$

となる。この関係から、市場の金利が一時的にさがると、この関係が一般の人びとの予想金利に織り込まれるので、国債の価格は一時的にあがる。しかし、金利の上昇が一時的なものであると個々人はみなすので、金利が再び平均的な水準に戻ることが予想される。金利があがり平均的なものに戻ると、国債の価格は再び下落することが予想される。すなわち、金利が平均的な水準と人びとが予想するものより低いとき、国債の価格は将来予想される価格より高いので、下落すると予想される。その結果として、

人びとは、国債よりも貨幣をもつことを選ぶ。金利が予想平均値より高ければ、国債の価格は低く、将来金利がさがり、国債の価格もあがることが予想される。このとき人びとは貨幣の保有量をへらして、国債をより多くもとうとする。このような貨幣保有の変化は、国債の値上りや値下がりの予想に基づく投機的な資産選択の一環としておこなわれるが、貨幣保有の動機も投機的であると考えられる。

ところで、資産選択理論によれば、貨幣需要は貨幣を保有することの機会費用に左右される。機会費用とは、貨幣をもつことは、利子つき債券という資産をもつことをあきらめることであるから、債券からえられたであろう収益、すなわち金利が一円分の貨幣を保有することの機会費用となる。すなわち、ある資産をもつことによって他の資産をもつことができなくなり、その犠牲となる収益率が機会費用となる。この貨幣保有の費用である金利が高くなれば、貨幣需要はへり、金利が低くなれば需要は大きくなる。

貨幣をもつかわりに他のさまざまな資産をもつことによってえられる収益は、より厳密にいえば、国債の場合にはその額面に約束されている利子に国債の価格の上昇率、負ならば下落率を加えたもので、株式保有の収益率は配当に株価の上昇率を加えたものとなる。すなわち、銀行の定期預金の金利を id 国債の収益率を $ib+dPb/Pb$、株式の収益率を $(is+dPs)/Ps$ で実物資産の収益率を dP/P と表わせる。ただし ib と is はそれぞれ国債の金利と株式の配当で、Pb は国債の価格であり、dPb はその値上がり分であるキャピタルゲインである。$dPb/Pb \times$ 一〇〇はパーセントで示した国債価格の上昇率で、同様に Ps は

株の価格であり dP_S は株の上昇率である。実物資産とは商品のことであるが、土地等も含む。商品の価格はインフレにほぼみあって上昇して実質価値はさがらないが、貨幣を保有していれば、インフレ分だけその実質価値が目減りする。すなわち、貨幣のかわりに商品をもつことを考慮すると、貨幣保有の機会費用はインフレ率である。

6　貨幣供給量の内生性

成熟した資本主義経済において、景気が持続的に拡大しているときにはコマーシャルペーパーなどの疑似貨幣と中央銀行券である貨幣との流動性の差が縮小し信用の急拡大が生じるが、逆に景気後退期にはその流動性の差が拡大するために、中央銀行にとっての貨幣供給量の管理はいっそう難くなる。したがって、短期金融市場の金利の安定化により、安定した長期金利や株価の誘導が中央銀行の政策の中心となる。景気拡大の局面では、資産価格のバブルが生じやすくなり、そのバブルは必ず破裂し、崩れさる。資産価格バブルが物価の高騰につながる場合は、人びとの貨幣共同体の永続性への信頼が壊れ、資本主義経済は一時的に機能を停止するだろう。

ケインズの理論では、株式会社の設備投資のための融資条件と資本を所有することを統一的に理解しようとする。この理論においては、投資は予想収益に基づいた時間のかかる過程であり、投資はいつも不確実性のもとに会社の経営者により決断される。この不確実性のために、会社の経営者と銀行家は、資産と負債のポジションにおいて不測の事態に備えようとし、過去の経験に基づいて将来の経済状況の変化を予測して資産の選択をおこなう。

会社が融資を望み、銀行も近い将来において景気が持続するとみなしているときには、銀行融資がふえ貨幣供給量がふえる。逆に、両者が近いうちに景気は後退するとみなすときには貨幣供給量はへる。現在の好景気の状況から近い将来の景気後退への予想の転換が、融資からの予想収益、さらにその契約の条件に影響している。融資契約を履行するのが困難だとみなす会社の経営者がふえれば、銀行の経営者は新たな融資の契約を渋るようになり、結果として、新規契約の融資の低下は銀行自体が融資できる資金量をへらしてゆく。

ケインズによれば、銀行の経営者や会社の経営者は過去の経験に基づいて、現在の経済状況を評価し、そして、将来は、過去の状況とも現在の状況とも異なっていると判断するのである。いいかえるならば、有能な銀行家は、流通している現在の商品の価格や会社のキャッシュ・フローがあたかも過去にそうであったようにこれからも持続するだろうとは考えない。なぜならば、銀行家も融資を受ける会社の経営者も不確実性に基づいて現在の決断をするからであり、貨幣となる銀行の負債項目の融資契約は銀行業のある経済において重要となる。

中央銀行は、主に短期金利の管理を通じて政策を実施する。貨幣供給量は、銀行の資金と金利変動に起因する信用への需要の変化に対応している。銀行は、景気変動の間に利益の機会に機敏に対応する。金融当局がそのような変化により調節することを拒否した場合でも、銀行は依然として、自行の操作によりローン需要の資金をふやすことができる。

銀行の投資計画においては、家計の貯蓄となる預金を考慮する必要はない。資金に余裕があっても、銀行は利益のために政府債務である国債を購入するか、他の銀行に融資するかの選択をして、超過準備をもたない。これは不安定の源となる銀行が利益を追求する行動による信用創造の過程である。銀行が保有する現金準備の預金に対する比率は一定ではなく、景気の状況によって変化する。景気の後退局面においては、銀行の手許現金の保有がふえ超過準備が生じる。

銀行とメーカーなどの株式会社との大きな違いは、負債のうち流動的な負債の占める割合が大きいことである。銀行は、預金に対して十分な支払い準備をもたなければならない利潤追求の株式会社である。従来銀行は、預金を受け入れて、会社に貸出しするか、その会社の株式か社債を購入することによって利益をあげていた。貸し出しには、ある会社の信用の程度を審査する費用が銀行にかかる。銀行の貸借対照表から考察すると、資産項目と負債項目は等しいので

準備金＋貸付＋証券投資＝預金＋資本

となる。

貸出が債務不履行になり、保有している社債や株式の価値がさがると、貸借対照表の資産項目の貸出

や証券資産の価値がその分だけさがり、負債項目の資本も減価する。自己資本の割合が小さくなると、銀行はこれ以上の債務不履行を回避しようとして貸出を減らすか、すでに短期の貸出しをおこなっている会社への再貸出をおこなわないようになる。

逆に、景気の上昇局面では、銀行は容易に貨幣を創造することができる。

7　銀行経営の安定化

金融当局は、免許によるレントによって、銀行経営の健全性を維持させようとするが、競争制限は市場規律を弱め非効率な銀行の存続を許すことによって経済厚生の低下を招く可能性がある。参入規制によってレントを発生させる場合には、銀行と監督当局が癒着し、レントが消滅する可能性がある。したがって、免許による銀行経営者の倫理の欠如を抑制するためには、監督当局が不正を働かないように、第三者機関による銀行業の監視・監督が必要となる。

経営の健全性、安全性のための規制は、金融当局による監査など監督活動にともなう費用を生じさせて、銀行にとっての取引費用をふやすという側面をもっているが、他方では金融機関の信用に対する費用を大きく節約するという効果ももっている。

銀行が融資した会社の監視や貸付資金のリスク管理をおこなう上でより大きな誘因をもつようにし、

より安定的な会社に成長させるために、金融当局が銀行に独占的な利益（レント）を与える。さらに、金融当局は長期貸付が成立しない市場の欠陥を補うために特定の銀行にレントを与える。安定した短期金利への誘導という金融抑制が貸出金利規制を通じレントを生産部門に移転する場合には、経済全体の経済厚生が高まる可能性がある。一方、低い貸出市場における優良な借り手が市場から脱落する逆選択や代理人問題を緩和させる可能性がある。営業からえられる利益を継続的に生み出すことによって、銀行には、長期的な視点から営業をおこなう誘因をもたらす。さらに、仲介の収益性を増加させることにより銀行は預金をふやすことへの強い誘因をもつ。したがって、銀行は新規預金者をよびこむ他の投資をおこない、預金の増加をもたらす。

金融市場が不安定な場合には、銀行の資本をふやすことにより安定性を回復させなければならない。金融当局による裁量的な低金利という金融抑制的な政策は、補助金を直接会社に与える政策とは異なって、銀行に富を自動的に移転することはないが、超過利潤をえる機会を生み出しやすくする。

しかしながら、特定分野の産業に対する優遇金利や信用割当は、資源配分を意図的に歪めるものであり、会社が救済を期待して過度に借入に依存し、リスクの高い財務構造になりやすいなど、会社経営者の倫理の欠如を生じさせる恐れがある。

したがって、自己資本規制の強化、情報開示や金融システムの安定化のために、銀行の整理による銀行業の機能回復が必要となる。今日、金融危機の再発を防止するために、資金の流れや銀行に対する金融当局の監視機能の強化が求められている。

8　銀行における資本規制

一九八八年に国際決済銀行ＢＩＳがはじめて国際的な銀行の自己資本比率に関する規制を公表した。日本では、バブル景気の真っ盛りで、日本の大手銀行の欧米への進出を止めるためにこの規制は成立したとみなされた。一九九三年三月の大手銀行の決算では、バブル崩壊による景気の低迷の中で、不良債権がふえ多額の債権償却を迫られた。そのため償却による自己資本の減少によって自己資本比率八パーセントを割り込む可能性があり、これが銀行の与信姿勢の後退をもたらし、景気低迷を長期化させることとなった。

銀行の貸借対照表（バランスシート）を参考にして、自己資本比率規制を考察してみる。貸借対照表の資産の部の合計額を総資産といい、当該期間における土地や機械設備などの資産の価値状況を表している。一方、その負債の部の株式等で計上されたものを資本といい、総資産と総資本は合計額が一致する。負債の部において、市場を通して借りた資金はいずれの時期かに返済する必要があるため、負債とみなされる。残りの返済の必要のない資本を自己資本といい、株主から出資された出資金、資本剰余金、準備金および自己株式等からなる。したがって、自己資本比率＝（総資本－他人資本）÷総資産）

×一〇〇となる。

単純化された典型的な銀行は、負債と株式の発行によって資金調達をおこなっている。資産項目には機械設備、土地や建物等がある。

銀行には自己資本比率規制など、さまざまな公的な規制が課せられている。その目的は、金融システムの破綻の回避にあり、金融市場がグローバル化すると、国際的な連鎖破綻への対応が必要となる。そこで、国際的な金融システムの破綻回避のために、海外に営業拠点を持つ銀行に対しては、その健全性を確保するための国際的な統一ルールとして、八パーセント以上の自己資本比率を求める「自己資本比率規制」が導入されている。

なお、二〇〇七年からは、信用リスクの計算をより精緻化するとともに、営業上のリスク（事務的なミスや不正行為等によってこうむる損失）を対象に含めた新しい自己資本比率規制（バーゼルⅡ）が導入された。具体的には、自己資本比率は、「自己資本÷（信用リスク・貸出金等が貸し倒れとなる危険）＋市場リスク＋営業上のリスクに係るリスク・アセット」×一〇〇」（％）として計算されている。

ところで、一般的には自己資本比率が高いほど負債（借金）が少ないことになり、結果として借入金利の負担がないこと、資金の返済期限がないため資金繰りが楽であるなどの理由から健全な経営であるといわれる。一方、少ない自己資本によって会社や組織を設立し、その信用によって他人資本を調達して経営をおこなうということは「自己資本を有効に活用している」ということになり、過大な自己資本を調達するよりも効率的な経営が可能となる。したがって、過大な自己資本がありながら適当な投資がおこなえない場合、いわゆる資本が有効に活かされていない状態となり、株式会社では株主から配当せよとの圧力が強まる可能性がある。

銀行の自己資本比率は、貸出残高、保有有価債券などの総資産に占める資本金や引当金など内部資金の割合であるが、国際決済銀行の規制では株式などの含み益の一部も自己資本とみなし、国際取引をおこなう場合、八パーセントを維持することを条件としている。なお日本国内においては、国際業務を行う銀行等に適用される国際基準と国内業務のみの銀行等に適用される国内基準の二種類がある。この二つは有価債券の評価損益の取扱など一部の取扱が異なっているため、単純に数値を比較できない。

ちなみに国際決済銀行は、各国の中央銀行が出資する国際機関であり、スイスのバーゼルに本部がある。第一次世界大戦後のドイツの賠償処理を円滑に行うために一九三〇年に設立されたが、第二次世界大戦後は中央銀行間の国際金融政策の調整をしている。バーゼル銀行監督委員会は、G８諸国の中央銀行総裁会議によって一九九五年に設立され、バーゼル委員会とよばれている。この委員会は、日本、米国、イギリス、ドイツ、フランス、イタリア、カナダ、ベルギー、オランダ、スイス、スウェーデン、ルクセンブルグおよびスペインの銀行監督当局と中央銀行の上席代表者により構成されている。

この章では、民間銀行における経営者の行動を主に銀行の貸借対照表を参考にして説明したが、つぎの章では、資本主義市場経済において中心的な役割を果たしている株式会社における経営者の行動を、主に会社の貸借対照表を参考にして説明する。

注

1 Akerlof,G.1970, The Market for Lemons : Quality Uncertainty and Market Mechanism, *Quatery Journal of Economics* 84.

2 Stiglitz, J.E. and A.Weiss1 九 81,Credit Rationing in Markets with Imperfect Information, *American Economic Review* 71.

3 Diamond,D. W. 1984, Financial Intermediation and Delegated Monitering, *Review of Economic Studies* 51.

8章　株式会社と設備投資

株式会社の経営者による設備投資が変動しやすく、景気循環の要因になるのはなぜなのだろうか。この章では、貸借対照表を参考にして株式会社の経営者の設備投資行動を考える。

ケインズの理論によれば、人びとの心理状態が与えられているとすると、経済全体の生産と雇用の水準は投資の総量によって規定されることになる。株式会社による投資は、複雑な経済システムにおいて変動する諸要因のうちで、急激でしかも大幅な変動を起こしやすい要因である。したがって、ある期間における経済全体の投資量は、投資から見込まれる収益に対して株式会社の経営者が抱いている確信の程度に大きく依存している。

1　組織としての株式会社

組織としての株式会社は、情報の非対称性のもとでの取引費用をへらし、情報費用を節約している。会社において、組織の役割体系が存続するためには、慣習において貨幣賃金の安定性や勤労意欲の水準に関するなんらかの規範が前提となっている。先進諸国の株式会社の特質は、法人格、株主の有限責任、株式の自由譲渡性、所有と経営を分離した取締役会への経営権の委任および株主による所有にある。

株式会社とは、未来に向けて投企されている資本において投資リスクを株主の間で分散させ、会社の経営が破綻したときに株主と経営者に無限の責任を問わない制度である。

法人である会社は、株式を公開市場で売って資金を調達する。経営者は、その資金を利用して労働者を雇い、機械や原材料を買って、商品やサービスを生産し、市場でそれらを売る。経営者は、労働者に賃金を支払い、生産からえられる収入がすべての費用をこえると利益がでる。利益がでると、一部は経営者に報酬として支払われるが、大部分は資金を提供した株主の配当になる。赤字の場合には、配当はない。赤字が何期も続いて会社が倒産した時には、株主は投資した資金を放棄するだけでよく、経営者にも自分の資産を使って赤字や借金を埋め合わせる必要はない。この制度では、株主と経営者には有限責任が認められている。さらに、第三者が倒産した会社を買収し、ある程度再生してその後に売却すれば莫大な利益が生まれる可能性もある。

株式会社の株主と経営者の関係を見ると、株主が個別に権限の行使を行うよりも権限を一部委譲し、経営者が統括して行った場合の方がより費用が安く抑えられる場合には、株主は経営者に権限を委譲する。このときに重要な点は、会社が大きければ大きいほど株主一人ひとりが負担しなければならない費用がさがる。株主と経営者はそれぞれ独立した主体であり、経営者と株主それぞれがもつ誘因が必ずしも一致するとは限らない。この両者の間では、経営状況に関する情報が共有されないので、経営者は、必ずしも株主の利益が最大になるようには会社の経営を行わない可能性がある。経営者の行動を監視するには、経営者と同等の権限を持つ監査役、あるいは監査法人による財務会計に特化した外部監査という費用がかかる。株式を公開している会社の監査法人による会計監査報告書の開示は、この借り手と投資家との情報の非対称性の問題を緩和している。

株主は、会社の経営を委託している経営者にできるだけ多くの利益を出してもらい、配当として分配してもらおうと考える。他方、経営者は従業員に対して、最大限の努力をして生産性を高め、利益の捻出に貢献してほしい。このときに株主は経営者への依頼人で、どうしたら依頼人は代理人から最大限の努力を引き出せるかが代理人問題となる。

経営者に一定の価格で株式を買い取る権利をストックオプションというが、これは経営者を株主にして経営努力を最大化しようとする仕組みで、経営と所有を再統合しようとする試みである。しかしながら、経営者は内部情報や投資決定に関する情報をもっていることにより、株価を操作する可能性がある。

会社統治、コーポレートガバナンスとは、株式会社が株主その他の利害者の利益を適切に保護し、社会的な存在として受け入れられるようにするために、経営者の意思決定に関する行動を統制し、監視する組織的あるいは機能的な仕組みである。現代では多くの株式会社において、外国の投資ファンドや年金基金などの機関投資家が株主のうちの過半数を占めることはめずらしくなくなった。それにともない、会社が株主に対し説明責任をはたすために国際的に認められた会計の基準が必要となる。すなわち、国際的に統一された会計基準、いわゆる国際会計基準の適用と、それを担保するための国際的な監査の基準に基づいた外部監査の実施は重要な国際問題になる。

特にどのような国際機関において、どのような会計処理、および表示が国際会計基準として採用されるかは、二一世紀における資本主義経済の行方の鍵を握っている。

二〇〇一年末のアメリカエンロン社事件は、経営者が不正な株価操作をして自分たちの利益を最大化してしまうことを白日の下に曝し、アメリカにおける会社統治という制度にも問題が多いことを明らかにした。コーポレートガバナンスが首尾よく機能するためには、業務執行機関である取締役会と監視機関である監査役の機能が分離・独立していなければならない。アメリカ流のコーポレートガバナンスに関する規則では、最高経営責任者の意向をくんだ社外取締役が選ばれてしまい、経営の内容を調べる内部監視の機構が有効に機能しないおそれがある。

この事件は、また国際的には監査制度の大改革をもたらし、会社の経営状況を調べる監査法人と会社の経営に関するコンサルティングのサービスを提供する会社との分離が断行された。さらに、政府機関が再び監査法人の監視・監督を行うようになった。

ところで経済開発機構ＯＥＣＤはコーポレートガバナンス原則を発表し、投資家への会社情報の開示や取締役会の責任について規定した。二〇〇一年には株式会社の国際会計基準を決める権限をもつ国際機関である国際会計基準理事会（ＩＡＳＢ）が誕生している。

2　投資収益率と株式

ある投資家は、市場において慣習に従い自分が冒す危険は近い将来において新しい情報が真の変化をもたらすときのそれに過ぎないという信念のもとに、自分自身を鼓舞するだけである。そのとき、自分自身が判断する際に、その可能性がどのくらいあるかに思いを巡らしている。そこでは、ある社会的な慣習が存続している限り、これらの変化は投資からえられる収益の価値に影響し、今後数年間に投資の収益率がどのようになるかについて確信がなくても、安心して投資を続けることができる。

ケインズによれば、株式市場は投資の危険負担を軽減する制度であり、会社にとっての固定された投資を、投資家にとって流動化する機能をもっている。この市場は同時に、投資家の慣行により投資の評価となるある会社の株式の価格をきめる。会社は株式を発行して資金を調達して、それを投資する。利潤を生んだ投資からは、株式を保有している投資家に対して配当が支払われる。それでは長期的には株価はどのように決定されるのだろうか。

もし会社が自己の粗利潤曲線と費用曲線を知っていれば、資本の増加量としてはそのために必要な投資費用を支出する。純利潤は粗利潤 ax から総資本 $g(x)$ を差引いたものに等しく、$R=ax-g(x)$ であり、この式を x で微分してゼロとおくと

$$dR/dx=d(ax)/dx-dg(x)/dx=0 \quad \text{または} \quad a=dg(x)/dx$$

となり、資本ストック x の一単位の増加からえられる限界収入、$d[ax]/x=a$ がそれを入手するのに必要な限界費用 $dg(x)/dx$ に等しいときに、純利潤は最大になることを意味する。

この例では資本一単位あたりの粗利潤は既知でありかつ一定と仮定したが、現実には粗利潤は不確実でよくわからず、また思わぬ変動をして x の増加とともに低下するかもしれない。また、この例は資本の増加を問題にしているという点では動態的であるが、全体の考え方は静態的で会社は必要な情報はすべてもっていると仮定している。しかしながら、現実の会社はもっと動態的な行動をとる。

現実の投資活動は景気循環や景気変動の中で大きく変動するが、むしろ、激しい循環的な変動は会社の投資の激しい変動に基づく。すなわち景気が上昇期にあるときは会社の経営者が予想する単位あたり粗利潤は好況の到来によって大きく膨張し、投資に拍車をかける。こうして投資が投資をよぶ景気の拡大や過熱化が生じる。好況が終わって不況になると会社の経営者は悲観的となり、a は低くなる。した

がって、投資が抑えられるから益々不況は深化して不況を長びかせる傾向が生じる。

トービンのqは、個別の会社の株価の水準がどのように決まるかに関しての、一定の理論的な枠組みを与えるが、個々の会社の経営内容は多様であり、マクロ経済の分析に適用できる概念ではない。

単純化された二期間モデルにおいて、株式の投資収益は来期の配当のみであるとしよう。来期の最後には会社が解散して株価はゼロと仮定する。以下の式が成立するためには、株式と国債の投資リスクが同じでなければならない。

株主の投資総収益はその投資した会社の将来における総利潤に等しい。会社の来期における資本ストックをK、資本一単位あたりの利潤率をRとすると、来期における投資収益はRKである。一方、株式の代わりに債券を購入したときの収益を考え、株価総額をSとすると投資収益に金融市場で裁定が働くとすると、$RK=\{1+r\}S$となる。市場で売買される投資財の価格を一と仮定すると、株価総額を資本ストックで割った値S/Kがトービンのqと言われるもので、資本ストックKは株式の数に等しいとすると、このqは一株あたりの実質株価とみなせる。すなわち、$q=S/K=R/(1+r)$となる。

したがって、トービンのqは、資本一単位あたりの将来の投資収益Rの割引現在価値になっている。トービンのqは、投資の収益率があがればあがり、逆に実質金利があがればさがる。このトービンのqは、はじめは低い単位費用で一単位の資本の増加を投資の増加により容易に達成できるが、資本ストックKすなわち設備投資を大きくしていくと、短期的にはふやせない経営資源などの投入物があるために、資本増加の単位費用は次第に高くなっていくことにも関連している。

ある会社の株価総額は、各期の見込収益から総費用と総投資を差し引いたネットキャッシュフローの割引現在価値に等しい。これから数十年後の会社の総資本の割引現在価値をゼロと想定すると現在の株価総額はほぼ将来の総配当額の割引現在価値に等しくなる。したがって一株式当りの価格は将来の予想配当を反映したものになり、この予想配当は会社の予想収益率によって決定される。このようにして、ある会社の株価総額は中長期的には収益率から推測される会社の市場価値を反映すると想定される。

留意すべきことは、現実には、株価は短期的には、投資家の予想に大きく左右され、会社の予想収益とはかけ離れたところできまるので、トービンのqは、個別の会社の株価の水準がどのように決まるかに関しての、一定の理論的な枠組みを与えるにすぎない。

ところで、短期の債券の流動性は高く予測もより容易であり、貨幣に近い性質をもつので短期の金利は低い。しかしながら、長期の債券の金利が、必ず、短期の複利計算によって求められるわけでもない。保険や年金運用などをしている機関投資家の資金量が総資金量の中で大きな割合を占めるとなると、長期金利が、短期金利より低くなる可能性もある。

また、ケインズの美人投票の理論としてしられているように、大多数の一投資家が値上りすると予想する株式を買って、値上りする過程でこの株式を売り抜けることができる投資家だけが莫大な資金を手にいれることができる。ケインズは人びとが不合理に行動するときは不合理に行動するのが合理的とまで述べている。これは金融市場の特徴を正確に捉えているが、このことは金融市場の調整速度が商品市場のそれと比較して極めて速く、資産の予想収益率が短期的には実物投資の予想取益率とは大きく乖離することから生じている。

3　貸借対照表と総価値

つぎに会社の貸借対照表（バランスシート）を参考にして、会社の総価値とトービンの q を考察しよう。貸借対照表の資産の部の合計額を総資産といい、当該期間における土地や機械設備などの資産の価値を表している。一方、その商品産の資金を資本といい、総資産と総資本は合計額が一致する。

単純化された典型的な会社組織は、負債と株式の発行によって資金調達をおこなっているので、会社の貸借対照表ではつぎのようになる。

資産項目には機械設備、土地、さらに目に見えない「のれん」等は、経営資源による営業利益に対応する。ただし、会社は金融資産への投資はおこなわないと想定している。流動資産には、現金や預金、売掛金、棚卸資産（在庫）、会社の営業のために短期的に保有している有価証券など、主に換金しやすい資産が含まれる。また固定資産には、おおむね流動資産より長い期間にわたり保有する資産が記載され、有形固定資産と無形固定資産に分かれる。有形固定資産には、機械設備、土地や建物などが含まれ、無形固定資産には特許権やソフトウェアなどが記載される。無形固定資産とは、有形固定資産のように目に見えるものではなく、会社が長期間にわたって市場で競争してゆくために欠かすことのできない保有財産と位置づけられているものである。具体的には、特許権、地上権、商標権、実用新案、意匠権、鉱業権、ライセンス契約やロイヤリティ契約などの法律上の権利や、文学作品、音楽的作品、絵画や写真などの芸術的価値、それにのれん代のような経済的な財産がある。

現在、日本においてのれん代は、会社の合併や買収、営業の譲渡に限って資産に計上されている。のれん代に限らず無形固定資産というものは、会社にとってビジネスの上では不可欠のものであるが、会計上の取り扱いがむずかしい。のれん代は、その定義からしてあいまいな部分が多く、金銭的に評価することも困難とされている。

しかしながら、のれん代の評価をめぐって会社の業績が大きく変わってしまう。資産として計上されたのれん代は、一定の期間で費用として償却しなければならない。こののれん代は会社買収のときにはよく問題にされるが、こののれん代こそが、理論上は、トービンのqに対応している。こののれん代は、会社の経営者が推計するものであり、投資家が資本市場における日々の株式の取引において評価を与えているものである。

金融・資本市場における会社の負債および株価総額が、市場のこの会社への評価額であり会社の総価値でもある。のれん代には特許権や意匠権など市場性をもつものもあるが、多くは、市場での客観的な評価がむずかしい[1]。

ところで、トービンの q には多くの計量分析による実証研究がある。トービンの q＝（この会社の時価株価総額＋負債総額）／総資産である。ここで負債総額は簿価で計られ、総資産も簿価で計られる。負債が簿価で計られるのは妥当なものであるが、資産は理論上時価で計られるべきである。しかしながら、建物や土地は市場において評価が容易であるのに対し、機械設備は中古の市場がない限り不可能である。いずれにしても、不動産価格は大きな価格変動にさらされており、機械設備は取得原価から償却費用を差し引いた償却原価によるしかない。

株式会社の価値は、市場の動向、会社経営者の会社の運営により変動する。すなわち、金融資本市場へのさまざまな攪乱による機関投資家や個々の投資家における確信への揺らぎによって、個々の会社の株式の市場価値は、機械設備の価値とかけ離れて変動する。また、こののれん代は、マスメディアを通じた広告宣伝によっても大きくなる可能性がある。

この章においては、資本主義市場経済における株式会社の経営者の投資行動を、主に会社の貸借対照表を参考にして議論を展開した。

注

1　間宮陽介は、『法人会社と現代資本主義』（岩波書店、一九九三年）、「営利会社体制」のヴェブレンの会社資本概念において、ヴェブレンが、『会社の理論』*The Theory of Business Enterprise* (1904) で、のれん代こそが会社資本の中核ととらえたと指摘している。

9章　国境を越える経済統合下での各国の雇用調整

この章では国際社会における各国の雇用調整を議論する。そして特に、変動為替レート制度が、先進諸国の総雇用と所得格差にもたらしてきた影響を考察する。

1　一九八〇年代のアメリカにおける失業の拡大

一九八五年九月ニューヨークのプラザホテルでの先進五カ国の蔵相・中央銀行総裁によるプラザ合意は、世界で最初のマクロ経済政策における協調であり、国際システムにおける共治・グローバルガバナンスの重要な試金石であったが、日本にとっては失われた一〇年のはじまりであった。

一九八〇年代初めアメリカでは共和党のレーガン大統領が登場し、財政支出を拡大させた。当時、アメリカは、第二次世界大戦後から続くソビエト連邦との冷戦のもとにあった。そして、アメリカは、先進国が変動為替レート制度を採用したことにより金融市場の自由化を促しつつ、軍備を増強した。この結果、国債の超過供給により国債価格が下落して金利があがり、年率の金利が一〇パーセントを超えていた。この高い金利のために、短期資金がアメリカに還流して、ドル高、円や西ドイツマルクの下落を招いた。その結果、アメリカではドル高により輸出はへり輸入はふえた。この高い水準の金利により民間の設備投資は低下し、これらによる有効需要の低下によって失業がふえていった。その後に、インフレは鎮静化したが、税収の低下により財政赤字はさらに悪化し、経済成長率は著しく低下していった。

インフレが沈静した後は金融の緩和政策がとられたが、景気の回復により輸入がふえ、貿易赤字の額はいっそう大きくなった。市場における金利がさがるにつれて、経常収支が赤字であるアメリカのドルの魅力がさがり、ドルの主要通貨への為替レート相場は不安定になっていった。

ところで、一九八〇年代当初、レーガノミックスとよばれる商品やサービスの供給を重視する経済理論がアメリカを席捲していた。さらに、ある経済学者によれば、累進的な所得税率をさげれば家計の労働意欲が高まり、また会社の法人税率をさげれば生産が伸び、逆に総税収はあがると吹聴していた。いいかえるならば、所得税率が高ければ、ある程度働いてもほとんど税金として納入しなくてはならず、人びとは働かなくなり生産がへる。したがって、税率をさげれば効用があがるので賃金労働者が働くようになり、会社も投資収益があがりさらに設備投資をふやす。それによって生産の総額があがり、税収は全体ではふえると主張した。

結果として何が起こったのだろうか。一九八五年前後だけで見ると、税収による歳入はほとんどふえないままで、財政の赤字は拡大していった。ドルが切り上がっている当初の頃は、強いドルは強いアメリカの象徴だったのだが、強いドルによって日本を含め、ヨーロッパおよび開発途上国からの輸入がふえ輸出がへっていった。それによってアメリカでは景気はさらに悪くなり、失業者がふえていった。

2　プラザ合意と日本経済[1]

この節では一九八〇年代の日本とアメリカの財政政策のスタンスがどのように変化したかを調べるために財政政策の刺激度という概念を用いる。この概念を用いると、政府支出が名目潜在産出と同じ割合で上昇していれば、財政政策のスタンスは中立的で、それ以上に財政支出が増加していれば、その政策スタンスは拡張的であるとみなされる。

一九八一年以降の日本とアメリカの財政スタンスの変化を比較すると、日本の財政スタンスが急激に縮小的になっており、逆にアメリカは同時期に財政刺激的となっている。驚くべきことには、日本の財政のスタンスが縮小的になればなるほど日本の国際収支における経常収支の黒字額が大きくなり、他方、アメリカの連邦政府の財政政策のスタンスが景気刺激的となればなるほど、アメリカの経常収支の赤字幅は大きくなっていた。一九八五年からの二年間も、日本とアメリカ両国の財政政策のスタンスの相違が両国の経常収支に大きく影響していた。

一九八五年九月各国の財務大臣や中央銀行総裁がニューヨークのプラザホテルに集まり、アメリカはドルを他の主要国の通貨に対し切り下げ、同時に各国の総需要を拡大することを要望した。日本においては、当時すでに財政緊縮の政策をとっていたために、日本銀行の金融政策にその対応を委ねた。日本銀行は、短期金融市場における公開市場の代表的な金利である譲渡性預金証書の金利を誘導し、一九八五年の年末までの三ヵ月間に六パーセントから八パーセントを超える水準まで金利をあげた。この政策によって金融当局は為替レートに関する期待を変えようとしたが、公定歩合は変えなかった。その理由は、当時公定歩合を変えると、同時に預貯金金利のすべてを変えなければならなかったからである。今日では金融市場の自由化によりこの必要はないが、当時日本は金融市場の自由化の過程にあった。しかも、三ヶ月間に為替レートが一ドル一三〇円程度から二〇〇円を突破して、年末に一ドル一八〇円を窺うようなところまできていた。そして、この頃になって産業界を中心に円高による不況が来るという大声があがっていた。

このときに金融政策の公示効果を促すために日本銀行は公定歩合をさげ、この低下によって金融政策を緩和の方向で運営するということを社会に伝達した。この後、日本の市場金利は短期金利を含めておしなべて急降下し、金融の緩和が急激に促された。

アメリカの短期金融市場における公開市場の代表的な金利である短期国債のレートを見ると、この期間にはほとんど動いていない。六ヶ月もの短期国債の金利は一九八一年の一三パーセントから一九八六年には六パーセント程度まで低下したが、その後に反転している。したがって、これ以上金利を下げることができないので、日本を含む各国に政策の変更を依頼した。いいかえるならば、国債発行が続いており、アメリカ政府が、自由な金融市場において金利をさげるという余地は少なかったのである。なぜならば、一九八〇年以降の金利の高騰とそれに続く急降下により小規模な貯蓄貸付組合という金融機関が数多く倒産していたからであり、これ以上の金利の低下はこれらの金融機関のいっそうの倒産をもたらすものと予想されたからである。

一方、日本において、一九八〇年代後半に無担保短期社債であるコマーシャルペーパーや社債によってまかなわれた資金によって、さまざまな会社が購入した土地や株式の大部分は、転売を目的とするものであった。しかも、多くの土地購入は銀行からの融資で賄われており、いったん地価や株価がさがり始めると転売が行き詰まり、利子が払えなくなる。このようにして銀行の不良債権が発生し、収益が圧迫される。さらに、地価や株価の下落が続くと銀行において回収不能の債権が拡大し、金融システムに打撃を与える。

金融庁によれば全国銀行の金融再生法開示債権残高は二〇〇二年月末には四三・三兆円で、二〇〇一年の名目国内総生産との比率が八・五五パーセントに達していた。

3 一九八六年以降の日本における金融緩和[2]

プラザ合意による世界最初のマクロ経済政策の協調によって、日本は金融政策を為替レートの調整に割り当てた。その結果、何が起こったのだろうか。為替レート水準の誘導に金融政策を割当てたことは誤った政策であった。実際、この政策により、資産価格のバブルが発生し、その崩壊後、日本は失われた一〇年を含め、非常に高い犠牲を払うことになってしまったのである。プラザ合意後の円高不況の対策として日本銀行は金融緩和をおこなった。短期金利は、一九八三年一〇月以来五パーセントであったものが、一九八六年一月から数回にわたって引き下げられ、一九八六年年末までに三パーセントまで引き下げられた。さらに、一九八七年二月に〇・五パーセント引き下げられ、二・五パーセントという史上最低の水準にまで低下した。この極端な金融緩和により、投資家が貨幣から金融資産への資産の代替をおこなったため、日本経済において資産価格の高騰が生じてしまったのである。

一九八六年中頃から*M2+CD*で表される貨幣供給量が急激にふえ、金融緩和とともに不動産価格を初めとして金融資産価格が急上昇する資産価格バブルが発生したが、一九八九年五月に消費税の導入による金融政策の変更をともなって、このバブルは崩壊した。物価上昇率、ないしは名目の予想物価上昇率を予想収益率から引いた金融資産の実質の予想収益率は、中長期的には実物資本、すなわち資本設備がもたらす実質の収益率に一致するように市場で調整される。しかしながら、商品市場の調整速度が金融資産市場の調整に比べて緩やかならば、それらが短期に一致する保証はない。資産価格の泡沫・バブルというのは常に発生する可能性があって、バブルは発生したらいつか崩れさることになる。資産価格に連続した価格上昇が発生してしまうと、乗り遅れまいとする投機家の期待を膨らませ、その資産価格は一時的にはさらに高騰するが、その商品が生み出す実質の収益率から価格が大きく乖離した段階で価格は暴落する。

ところで、株式の収益率を $(is+dPs)/Ps$ とする。ただし is は株式の配当で、Ps は株式の取得価格であり、dPs はその値上がり分である資本利得のキャピタルゲインであり、dPs/Ps ×一〇〇はパーセントで示した株式価格の上昇率である。この $dPs/Ps=(Pse-Ps)/Ps$ において、Pse は予想株価であるが、この予想がどのように形作られるかが問題となる。株価が上昇している局面では、多くの資産投資家は、さらに株価は上がると予想しているのであり、ケインズが指摘したような静学的な期待や安定的な予想形成のもとに株式投資をおこなっているわけではない。しかしながら、この状況は期待が期待を生む状況であり、さまざまな投資家が市場に乗り込んできて、キャピタルゲインをえたいという行動でもある。しかしながら、株式を発行している会社が、その資金を運用してえられた十分な配当を株式保有者に払い続けることができない限り、上昇し続けた株価はどこかで暴落せざるをえない。すなわち、この経済状況は、持続不可能で不安定なのである。

一九八七年の中頃になると、景気回復が明らかになり、貨幣供給量が高い伸び率を示し、資産価格が高騰したため、日本銀行が市場金利の高めの誘導を開始した。日本銀行の金融引き締め政策への転換の第一歩は一九八七年八月末からの短期市場金利の高め誘導であった。

しかし、同年一〇月一九日月曜日にニューヨーク株式市場において過去最大規模で株価が暴落した。ダウ工業三〇種平均の終値が前週末より五〇八ドルも下がり、この時の下落率二二・六パーセントは、世界恐慌の引き金となった一九二九年の暗黒の木曜日の下落率一二・八パーセントを上回った。翌日東京市場では、これに連鎖して、日経平均株価は三八〇〇円、およそ一五パーセントと過去最大の下落を記録した。このため、日本銀行の政策はやや緩和策へと転換された。

結局、消費税が一九八九年四月に導入され、五月になり史上最低水準の公定歩合は解除された。そして、三パーセントの消費税により消費者物価があがることに対処するために公定歩合は引きあげられた。

4　貨幣供給量の内生性

同時期には日本の短期金融市場は驚異的な速さで発展しており、日本銀行による貨幣供給の管理はいっそう困難になっていた。

ＣＤとは譲渡性預金証書（negotiable certificates of deposit）の略称で、第三者に譲渡可能な金利自由の短期大口預金のことをいう。ＣＤは一九六一年以降にアメリカで急速な発展をみたが、日本でも一九七九年に導入された。その要因は、一九七五年以降大量の国債を流動化するための現先取引市場に大口の会社の預金が吸引され、銀行の金融市場に占めるシェアが低下したことである。このために銀行業界は、市場での金利の流動化に伴い価格・金利が市場で決定される経済状況に対応しなければならなくなった。そこで、最初の証券会社への対抗手段がＣＤ、すなわち低収益で安全資産である銀行預金の高収益化と流動化をはかる金融革新だったのである。

一九八七年一二月にはコマーシャルペーパーが導入され、一九八九年に現金担保付債券貸借取引（債券レポ）市場が創設されて短期金融市場の公開市場が拡充された。コマーシャルペーパーとは狭義には、株式会社が公開市場で運転資金の調達を目的として振り出す短期の無担保約束手形をいう。短期金融市場の取引手段としては最古のもので、従来はアメリカとカナダだけに見られた制度であったが、最近ではヨーロッパ主要国でもＣＰ市場の活発な取引が拡大した[3]。

一九九〇年末にはＣＰの発行残高が二〇兆円規模まで達したが、バブルの崩壊後大手の株式会社の財務状況が悪化したために二〇〇〇年ごろまでその発行量は低迷していた。

一九八九年には債券レポ（現金担保付債券貸借取引）市場が創設された。債券レポ市場とは、債券を保有しないで債券の売却を契約した場合に、その債券を借り入れるための市場であり、借り手は借り入れた債券を受渡しに用い、契約が終了するときに貸し手に同種、同量の債券を返済する貸借取引である。債券レポは債券現先と同じであるが、債券の借り手が貸し手に現金を担保とする点が異なる。そのため、需給によって特定の債券の貸借料が大きく変動することがある。債券レポは当初無担保取引を中心に拡大したが、無担保取引のリスクが大きく、有担保化および取引の活性化が課題となり、一九九六年から現金担保付債券貸借取引が可能になった。

政府短期証券（FB financial bills）は、国庫の一時的な資金不足を補うために国会の決議を経た発行限度額内で発行され、年度内または一年以内に償還される期間六〇日程度の短期の割引国債である。制度上は数種類あったが、実際には大蔵省証券、外国為替資金証券と食料証券の三種類が発行されていた。一九九九年に、この三種類証券が統合されて政府短期証券となった。この政府短期証券は、債務不履行リスクが低く、一回の発行額が大きく発行頻度も多い。さらに、この証券には有価証券取引税が課されないので取引コストが低く流動性が極めて高いので、公開市場の中核となった。

政府短期証券は、政府が発行条件を特定して公募する定率公募方式により発行されており、応募額が発行予定額にみたない場合には日銀が残額を引き受けることになっている。政府の短期国債は、長期国債の借換えを円滑にするために一九八六年より発行されている。短期国債は割引債方式で発行され、短期国債はすべて公開市場で売却されており日本銀行による引き受けはない。

短期金融市場で、コマーシャルペーパー等の疑似貨幣が多量に取引されるようになると、中央銀行は、マネタリーベースによる貨幣供給量の調整が難しくなるので、短期金利の安定が主要な政策となる。短期金利が安定的に動く場合に、マネタリーベースの超過供給は、投資家の短期資産から株式や土地などへの不動産への資産の代替をもたらし、物価の上昇ではなくて、株価や土地価格の上昇をもたらす。中央銀行は、長期の資産の価格の動きをみながら、短期の金利の微調整をおこなうことになる。

日本における貨幣供給量には、従来、金融機関を除く民間部門が保有する日本銀行券と補助貨幣に要求払い預金を加えたM1と、このM1に金融機関を除く民間部門が保有する定期性預金を加えたM2があるが、最も頻繁に貨幣供給量の指標として使われたのは、M2にＣＤを加えたものであった。

ところが、日本銀行は二〇〇八年五月より「貨幣供給量統計」から「マネーストック統計」へ概念を変更した。統計指標の定義の変更によりM1、M2、M3、広義流動性の四種類を発表している。これらのうち日本銀行はM3を最も代表的な統計と見なしている[4]。このような定義の変更は、近年、短期金融市場の発達によりマネタリーベースとM2＋ＣＤとの関係が希薄になったことによる。

5　ワシントンコンセンサス

この節では、経済統合下におけるアメリカの世界共治の戦略としてのワシントンコンセンサスと、その影響のもとで国際通貨基金が立案する市場原理主義の色彩を帯びているコンディショナリティを通じる受入国の経済への波及効果ついて考察する。具体的には一九九七年後半のアジア経済危機において韓国やインドネシアの経済にこのコンディショナリティが与えた衝撃を検証する。

変動する資産価格によって利益が得られる金融に関わる技術でアメリカは、現在世界で最も進んでいる。為替レートが変動し、自由な短期資本の移動が保証される限り、アメリカに巨万の富をもたらし、それが閉ざされるならば莫大な利益の可能性はさがる。アメリカはこの手段として先進国首脳会議を利用し、グローバルガバナンスという大義のもとに　国際通貨基金を利用するので、この国際機関における自律的な国際的な統治が問われることになる。

一九八〇年前後に、自由放任主義を標榜するイギリスのサッチャー政権やアメリカのレーガン政権が登場し、新自由主義の流れが加速化した。

一九九一年年末にソビエト連邦が解体して第二次世界大戦後の冷戦が終結すると、先進国だけでなく開発途上国においても多くの人びとは、経済の地球規模での統合により、国際社会は国際協調による繁栄を享受できるようになると漠然と考えていた。

冷戦が終わって、アメリカは一九九〇年代後半から新しい世界戦略を展開しはじめ、もう一度その世界的な軍事戦略を再編しなおす必要に迫られていた。アメリカ軍の存在はただ軍事的な意味があるだけでなく、経済分野におけるアメリカの優位を保障し、アメリカの思想と商品の流通を保障するようなすべての活動と関連していた。そして、このようにして保障された秩序が、資本制生産様式に基づく地球規模での自由な市場を支え、それに重ねられたアメリカの国益をもたらすように考えられていた。

ワシントンコンセンサスをジョン・ウイリアムソンによってまとめると主な政策は以下のようになる[5]。一．所得分配を改善するために一次医療、初等教育や社会資本分野への優先的な財政支出と政府予算の削減、二．限界税率を下げ、租税基盤を拡充する税制改革、三．金利と為替市場の自由化による競争的な為替レートの実現、四．関税の引き下げによる貿易自由化、五．財産権の確保と国内優良企業の合併・買収の許可を含む外国直接投資の自由化および、六．基幹産業の民営化と産業への参入・退出の自由化等である。

このワシントンコンセンサスを具体的に実施するためには、構造調整の必要な国家において、しばしば大統領や国会議員の民主的な選挙をおこなうことが必要となる。なぜなら、通常、途上国においては、政府に政治・経済構造の改革を行う意志がないか、あるいは財閥や労組といった政治的な圧力団体の反発により、構造改革が多大な犠牲なしには不可能な場合が多い。このような場合には政権勢力の中枢部に関わる腐敗事件を暴露して現政権を無力化してでも、現政権が選挙で敗北して既得権益を排除しない限り、上述の構造調整策は実施されない可能性が大きいのである。

ワシントンコンセンサスは、政府が市場の自律性を信頼し、介入を最小化すべきであるとするマネタリストの影響を色濃く受けた新自由主義者たちによって立案された。しかし、最も重要なのは、ＩＭＦ

コンディショナリティの要求する構造調整をおこなえば、はたして経済が再生し成長するのかということである。

もちろん、新自由主義者や政策を実施するIMFは、経済は再生し、その適用により成長をもたらし、貧困が解消されるとともに雇用が拡大すると主張してきた。しかしながら、実際は政策の急激な転換による資源浪費や自然環境保全においてとりかえしのつかない破壊をも生んできた。

一九九七年中ごろにタイから始まってマレーシア、インドネシアおよび韓国に波及したアジア金融危機は、世界経済に深刻な傷跡を残し、それまでの国際システムの維持・管理体制に大きな疑念が抱かれるようになった。さらに、地球規模での経済統合に対する強い反発や懐疑が先進国でも開発途上国でも急速に広まっていった。

地球規模での経済統合が、先進国と開発途上国の所得格差の拡大や、慢性的な高い失業率をもたらしているのではないかという疑念がもちあがったのである。また、金融市場の成熟していない発展途上国が国際金融市場に包摂されることが、これらの国々の安定的な成長に貢献しているのかどうか怪しくなった。

アジア通貨の暴落にはじまる金融危機によって、東南アジア諸国や韓国の多くの大会社は、先進諸国に本社を持つ会社に所有されるようになった。これにたいしてマレーシアのマハティール氏は、首相在任中に、「アメリカの金融資本はマレーシアが数十年かけて蓄積した富を一日で破壊した」と述べて、発展途上国が金融市場を自由化することに異議を唱えた。一方、欧州連合に加盟している国々においても、「国際的な金融市場の自由化」反対が叫ばれるようになって、一時世界を席巻していた市場主義も、二〇〇八年後期の世界金融危機の後にかげりがみえていった。

一九九七年から金融恐慌の巨大な波がタイ、マレーシア、インドネシアのような東南アジアの諸国に打撃を与えたとき、堅実で手堅い銀行を持つ韓国経済は、同年一〇月までの間ずっとほとんど影響がなかったかのように思われた。

ところが国際的な投資家が融資資金を回収し、この地域で投資された資本を外国へもちだすことによって、東アジアにおいてより危険な投資と見なされた資金は加速的に回収されるようになっていった。韓国市場に対する外国人投資家の気分がうつろい、衰えたことによる激しい短期資本の流出によって、韓国は外貨債務の支払い不能に直面することになった。

通貨危機に直面した韓国政府は、一九九七年一一月に国際通貨基金・IMFに財政援助を求め、同年一二月四日にIMFの理事会は二一億米ドルにおよぶ韓国との三年スタンバイ協定を認めた[6]。一四億米ドルの融資は、世界銀行およびアジア開発銀行から追加的に行われた。これに続いて、関係のある国は、五八四億米ドルのパッケージのために二二〇億米ドルを追加的に融資することを誓約した。

韓国の経済ができる限り早く国際市場において信頼を回復させることを可能にするために、IMFによりコンディショナリティが作成された。それは、経常収支における改善をなしとげ、外貨準備を積み上げ、そして、引締め金融政策、さらに財政上の施策を採用することによってインフレを抑制することをめざした。同じく、そのコンディショナリティは、危機の重要な原因を取り除くために金融部門における構造改革を含んでいた。

韓国のマクロ経済的な基本構造は、危機によって混乱した他の発展途上国と比較すると健全であった。しかしながら、同時に、韓国は金融機関の健全性と大財閥の急成長から生じた産業の寡占にかかわる構造上の問題を抱えていた。これらの構造上の問題は、過去の経済発展の期間における産業部門と金融部門への政府の介入、また、不適切な規制と監視・監督から生じていた。

一九九七年末に起こった韓国の通貨ウォンの危機をもたらした主な要因は、対外外貨負債に占める短期債の比率が高かったことである。その数字は、韓国が同じように国際通貨基金からのマクロ経済政策の助言を求めた一九八三年時点における三三・四パーセントと比較すると、一九九六年末には五六・八パーセントであった。ＧＮＰに対する対外債務の比率は、一九八三年の五三・六パーセントと比較すると一九九七年は三二・八パーセント、一九九八年に五二・一パーセントであった。

また、この短期の対外債務の高い比率は、金融自由化の過程で、政府の政策が誤ったことに一部起因するといえる。政府は、金融機関に長期外債を当局に通告するのを義務化することによって短期ローンを借りる動機を提供した。一方、短期ローンは、貿易関連の融資とみなされたために規制がなかったのである。

一九九八年に国際通貨基金が勧告した政策で、初期段階において実施された急進的な政策は、財務上の負担が急速に増加していた大きい負債の会社に対して壊滅的な影響を与えた。これは、多くの大財閥・コングロマリットの負債―資産の比率が一九九七年一二月にすでに約四〇〇パーセントになっていたからである。

銀行間市場で翌日物コールレートは、一九九七年一一月時点で年率一二パーセント前後から、一九九八年一月には三二パーセントへと急激にあがった。そして、そのレートは急速に一九九八年九月にさがり八・五パーセントになった。

国際通貨基金は高金利政策を勧告する代りに、韓国における海外投資家の信頼を取り戻しつつ、それによってウォンの安定性を回復するように、短期外貨負債を長期負債に組替える政策を奨励すべきであった。さらに、一九八〇年代の初めにおけるＩＭＦ指導のもとにおけるあまりにも急激な金融自由化は、一九九〇年代半ば金融市場の混乱をひきおこす結果となった。これはノン・バンクの金融機関を通じた高い収益を生み出さない会社への間接投資がふえたためである。これらの金融機関は、自由化後の会社の融資に関する限られた経験および専門技術が未熟なままで量的には急速に拡大していった。

韓国は十分な制度上の進展なしに、国際通貨基金の勧告に従って間接金融からの直接金融指向の経済へと移行するスピードを加速させたが、金融部門の再編成はいまだ進行中であり、株式、国債や社債をあつかう資本市場は、成熟した段階にまではいたっていない。つまり、コーポレートガバナンスと金融市場における規律が弱く、また、さらに独立した外部監査による会計の透明性が欠如しており、会社の財務状況に関する情報公開の水準はあまり高くはなかった。

このように自由化政策を推進した後に、韓国は二〇〇七年にアメリカと自由貿易協定を結び、二〇一二年三月にこの協定は発効した。

さらに、アジア金融危機は、インドネシア経済を直撃した。インドネシア国営銀行の一九九〇年から二〇〇二年までの貸借対照表において、資産は一九九八年の中ごろの四〇〇兆ルピアから一年後一九九九年中頃には一八〇兆ルピアに急減し、さらに、同時期に貸出金額は二五〇兆ルピアから一〇〇兆ルピアに激減しており、当時の金融危機の深刻さが窺われる。貸出金額が順調に伸びなければ、銀行経営は躓き、経済は安定的には成長しないことになる。

インドネシアでは、一九九七年の通貨危機に端を発した経済危機により、三二年にも及ぶあまりにもアジア的専制であったスハルト体制が崩壊した。

現在、インドネシアは、民主的共和制のもと社会・経済開発を急いでいる。

インドネシアと国際通貨基金との二〇〇〇年の政策文書によれば、経済政策は以下のとおりである。

マクロ経済政策では、通貨供給量の増加率は、インフレーションを一一パーセント以下にするために年率で一二・五パーセントを目標変動幅とした。財政において、予算に関しては、前年のGNP比三パーセントに対して二〇〇一年は三・七パーセントの赤字予算である。これらのマクロ経済政策に関しては特に経済学者の異論はないように思われる。問題となるのは以下の構造調整に関わる政策である。

金融部門の改革において主要な条件は二つの巨大な銀行の民間への二〇〇一年一二月までの譲渡であった。さらに、銀行部門の管理のために厳密な規則の制定、インドネシア政府の財政の情報開示と透明性の拡大、金融監督行政の枠組みの確立とノンバンクの監視監督の強化、公共部門の自律的な統治に関わる問題の改革のための包括的な青写真の公表が義務づけられた。特に問題になるのは、大銀行の売却と公共部門における自律的な統治の問題である。

売却予定の銀行は、一九九八年のIMFの政策によって発生した金融危機後に国有化された銀行で、政府が五一パーセント以上の株式を保有していた。これらの国有銀行をIMFは財政赤字の補填と銀行産業の効率化のために民営化を促進していた。一つの銀行はインドネシア最大の銀行で、自動支払機のコンピュータ網をほぼインドネシア全土にめぐらせている。この銀行は一九九七年の金融危機における取り付け騒ぎを沈静化するために、政府がこの銀行の株式を購入するために支払った一一兆ルピアあまりの国債を保有していた。この銀行は二〇〇一年末に米国系の投資銀行に一一兆ルピアの価格で売却された。二〇〇二年には二番目の銀行の民間企業への売却問題が浮上した。七〇〇兆ルピア以上の国債の償還にせまられていたインドネシア政府の財務大臣や財務省の国債管理局長は、この銀行の売却問題で国際通貨基金、世界銀行、オーストラリア援助庁、アメリカ援助庁や日本の国際協力事業団の専門家に意見を求め、対策を練った。この銀行は七〇兆ルピアにも及ぶ国債を保有しており、数年後からは毎年数兆ルピアの国債の償還にせまられていたからである。

一つの提案は、五〇パーセントまで国有化されている銀行の株式を売却するというものであり、IMFやほかの援助機関の専門家は、コンディショナリティに従って五一パーセント以上の株式を国際的な大会社に売却するというものであった。数ヶ月に及ぶ交渉の末に、融資の条件であった二〇〇一年の政策合意文書における国有化された銀行の民営化を、総株式の五割の売却でIMFは了承した。その結果、欧米系の金融機関は落札を断念して、この銀行の五割の株式を購入したのはマレーシア系の銀行であった。

政府における統治の改革においては、治安および円滑な経済活動を可能とする司法・行政制度の確立が求められ、財政の地方分権化――徴税権の地方委譲、権限委譲をともなう人員の配置換えによる地方交付税と地方交付税基金と森林環境基金移転を保証が要求された。またインドネシア政府は地方自治体が年四回の財務報告書を提出するための法律を公布した。

6　地域統合のうねり

二一世紀以降、世界全体での協調や協力の枠組みにかわって、欧州連合や東アジアといった地域において、地域における協力やいっそうの統合が模索されている。

商品や金融サービスなどが国境を越えて自由に取引されるようになると、国家を越えた地域に経済共同体が形作られる。さらに、人びとや資本がいっそう自由に国境を越えて、移動することが可能になると国境を越えた「最適通貨圏」の条件が整い、ユーロのような共通通貨を導入することが可能となる。

東アジア諸国の近年の発展は、運輸交通、情報通信などの科学・技術の発展、国際貿易協定のもとでの多角的な貿易の進展、産業の発展にともなう外国からの直接投資、産業の国際的な分業や多国籍会社による国際的な会社内分業などにより生産・物流ネットワークが形づくられたことによる。

典型的な商品は、日本や東南アジアから中間財や部品が供給され、中国において最終製品に組み立てられ欧米に輸出されるという新たな三角貿易がある。日本、中国、韓国と東南アジア諸国連合・ASEANを結ぶ東アジアの域内貿易の水準はほぼ五割となっており、これは公式な地域貿易協定によって形作るされた欧州連合や北米自由貿易協定と肩を並べるほどの高い水準になっている。いわば、日系の多国籍会社を中心とした華僑ネットワークを利用した生産・流通のもとで、東南アジアの人びとの経済活動が緩やかな経済圏の成立を促してきた。

この結果、二〇一〇年の日本の世界貿易においてASEAN貿易の占める割合は、およそ一五パーセントとなり、中国の占める割合のおよそ二一パーセントに次いで二位となっている。

ところで、ある地域において国境を越えた共通通貨の導入は、ある地域の政治的な働きによっている。いったん共通通貨が導入されると共通通貨を使う異なる国民や民族の人びとの間に貨幣共同体の意識を育み、その地域の諸国の政治的な統合をより確かなものにしていく。

7 欧州連合と共通通貨ユーロ

欧州連合は共通市場をもち、大部分の地域で共通通貨ユーロが流通しており、欧州共同体をこえて共通外交・安全保障政策を志向する国家連合である。一九九九年のユーロの導入により一八七一年以来ドイツ統一の象徴であったマルクは廃止され、一三六〇年以来流通していたフランスフランも二〇〇二年までに消滅した。

二〇一四年前期において、欧州連合加盟国の二八カ国中一八カ国が共通通貨ユーロを導入して、ユーロ圏を形成している。

平和的に多くの主権国家を統一するという試みは、大きな政治的実験であったが、欧州連合はすでに世界経済において大きな影響を与えている。たしかに、東欧から西欧諸国への移民の急増による雇用不安により労働移動の制限が強化されつつあり、イギリスがいまだにユーロには参加していない。さらに、ふくれあがる国債残高に悩まされた一部の国々のためにユーロの対外為替レートは不安定な変動をしている。にもかかわらず、ユーロの国際的な通貨としての地位はたかまっている。

歴史的にみると、一九四八年に欧州経済共同体の発足する前に、ベルギー、オランダおよびルクセンブルクからなるベネルクス三国によって関税同盟が結成されていた。より大きな枠組みでヨーロッパに共通の市場を創設しようとした試みは、第一次世界大戦後にケインズが提案したルール地方の石炭と鉄鋼の国際管理に端を発して、一九五一年に欧州石炭鉄鋼共同体の創設に合意したときからはじまっている。

欧州経済共同体は基本的には一九五七年のローマ条約を出発点としており、二〇〇七年に五〇周年を祝っている。翌年に関税引き下げを開始し、一九七〇年ごろまでにはほとんどの品目の引き下げが実現した。この共同体は自由貿易地域として発足し、域外からの国の商品に同一の税率を課す関税同盟の設立をめざした。欧州石炭鉄鋼共同体、経済共同体および原子力共同体も同時に設立され、この三つの共同体が統合され、一九六七年に欧州共同体となり、翌年には関税同盟に発展し、ほどなく共同体内で労働者の自由な移動が保障されるようになった。

一九七九年の欧州通貨制度（ＥＭＳ）の創設は、共通通貨ユーロへ向けた重要な契機であった。この通貨制度の目的は西欧内の通貨価値を安定させ、ドルが乱高下することから生じる域内における商品や金融サービスの取引に関わる費用の変動をできるだけ小さくしようとした。

一九八六年に、「商品やサービスはいうにおよばず生産要素の資本や労働が自由に移動できるような、すべての障壁を取り除いた」統一欧州市場を、一九九二年までに達成するという具体的な目標をもつ欧州議定書が署名され、この後、欧州統一へ向けた動きは加速化した。一九九〇年に欧州連合に加盟している国々において、資本の移動が完全に自由化され、一九九二年までに統一され欧州市場が成立した。

一九九三年にはマーストリヒト条約が発効し、共通通貨ユーロ導入の道筋が提示され、九月には欧州通貨単位ECUのバスケットにおけるウエイトが固定化された。翌年に欧州通貨機関が設立されると、経済政策の微調整が強化され、短期金利の変動を安定化させるために、加盟国が過剰な財政赤字の縮減にいっそう努力することが要請された。さらに、その次の年には共通通貨移行への道程が公表され、一九九八年には欧州中央銀行が、ドイツのフランクフルトに設立された。

このように欧州の統合が進展する中、一九八九年末にはベルリンの壁が崩壊し、第二次世界大戦後に分断されていた東西ドイツの統一という政治統合が、一九九〇年一〇月に達成された。

マーストリヒト条約の究極の目的は、共通市場の創設をこえて、共通の外交・安全保障に関する政策をもつ欧州の連邦政治システムの創設である。通商問題など経済分野に関する事項、対外交渉権および決定権に関するものなど市民生活の広範な領域が含まれる共同体事項において、欧州委員会の主要な役割は、共通市場を作り、さらに経済的な統一が達成される政策を実施することであった。しかしながら、ユーロと欧州中央銀行についての最終決定は、加盟国政府を代表する理事会に委ねられた。理事会の決定は、複雑な多数決に基づくものだが、この表決制度は問題の重要性によって変化し、ときにはより小さい加盟国の投票に不相応な比重を容認した。さらに、この条約によりドイツとフランスにおいて、欧州連合の市民の地方参政権が認められた。

外交政策に関して、欧州域外への軍隊の派遣は、人道支援・救援活動、平和維持活動、危機管理における平和構築を含む戦闘任務を対象としている。現在、欧州連合自体が常設軍隊を含む軍事力を備えることは規定していない。軍事的支援を行う場合は、北大西洋条約機構もしくは西欧同盟の軍備や軍隊を利用することとなっている。

労働移動に関する政策は、国内政策における移民と社会政策に関係している。東欧および地中海に接する地方からの西欧への移民は西欧のどの国においても社会問題となっている。社会政策という用語は福祉国家と労働組合へ向けた政策とを含んでおり、この問題では社会民主政党と保守政党との対立は大きいものがある。社会政策に関する最終的な決定権は各国政府が握っており、政府間主義に依拠している。

二〇〇四年の東方拡大により、ポーランドなどの賃金の比較的安い国の労働者がフランス、ドイツやイギリスに移動し、雇用不安をひきおこした。翌年、フランスとオランダにおいて、欧州連合憲法が国民投票で批准を拒否された。この憲法では、民主的で市民に近い運営を掲げ、意思決定の効率化と国際的な発言力の強化を標榜している。

ところで、イギリスは二〇一四年現在ユーロに加盟していないが、最適通貨圏は最大集合的アイデンティティ圏であり、海洋国家のイギリスがユーロに参加するのは近い将来にはない。

8　先進諸国の所得格差の推移

変動為替レート制度が本格的に導入された一九八〇年代以降、経済活動において不確実性が高まり、多くの先進国で所得格差が拡大している。

国際通貨基金によれば、アメリカ合衆国において、人口一パーセントの高額所得者の総所得が国民総所得に占める割合が、一九八〇年代初めの八パーセント程度から二〇〇五年には一八パーセント程度まで約一割上昇した。平均の実質の所得は、一九九三年から二〇〇八年までに年率一・三パーセントで成長したにもかかわらず、所得格差は拡大したのである。もし、一パーセントの高額取得者の所得を控除して計算すると、この実質所得の伸びは半減してしまう。この高額所得者の総所得は、好景気の一九九三年から二〇〇〇年と、二〇〇一年から二〇〇七年にそれぞれ、年率で約一割ふえた。しかも、この総所得の多くは、営業所得、株式への配当と株価の上昇による資本利得によるものである。

日本では人口一パーセントの高額所得者の総所得が国民総所得に占める割合は、一九八〇年代初めの七パーセント程度から二〇〇五年は九パーセント程度まで緩やかに上昇している。その特徴は、一九八五年以降その割合が、金融資産価格の急激な上昇と同じようにかなりはやい速度で上昇したが、一九九〇年以降株価や土地など不動産価格の暴落に伴い減少し、一九九七年のアジア金融危機後また緩やかにあがっている。この間、日本の非正規雇用の割合は一九八五年の一六・四パーセントから二〇〇一一年の三五・四パーセントに急激にあがっており、経済全体での名目賃金率の下方硬直性の程度は弱まったとみられる。しかしながら、貨幣賃金の実質的な大幅な切り下げは、賃金労働者の勤労意欲を減退させるとともに所得の不安定性のために、消費意欲の低下によって有効需要を不足させて景気の低迷を持続させている。

最も特徴的なのは、欧州連合に加盟しユーロを流通させているオランダにおいて、一パーセントの高所得者の総所得が国民総所得に占める割合が緩やかに低下し、一九八〇年の六パーセント程度から二〇〇〇年ごろに五パーセント程度になっているということである。

この変化はオランダの雇用政策が関連していると考えられる。オランダは、従来北海にある天然ガスを産出していたが、一九七三年石油輸出国機構がおこなった原油価格の大幅な引上げの後、エネルギー価格の高騰に伴い天然ガスの収入の増大が起こり、この収入をもとに国内経済は一時活況を呈した。しかしながら、天然ガスの輸出拡大により通貨ギルダーの為替レートが上昇し、同時に労働者の賃金上昇による生産コストの上昇により、工業製品の国際競争力が低下し、経済が不況にみまわれることになった。当時、これは資源国の呪い、オランダ病とよばれた。

経済の悪化に伴って好況期に膨らんでしまった社会保障への負担により財政赤字が拡大した。この経済の悪化は一九八〇年代初めまで続き、失業率が一九八三年には八パーセントを超えた。

オランダ政府は、一九八〇年初めより雇用の維持を目的としてワーキングシェアを推進しており、同一労働同一賃金の下で、週四日勤務などの就労時間の短縮、早期退職制度とパートタイム労働を導入している。これらの政策は、一人の労働者の就労時間を短縮することによってほかの人を追加で雇う機会をふやそうとしている。家計は、二割程度の消費税と最高五割程度の所得税を払うが、教育費が高校まで無料であり、大学生には政府から自活できるだけの奨学金が供与されている。さらに、老後はケアが充実しているので食事と介護が完備した施設を利用して、年金で自活している。

ちなみに、失業率は、これらの労働政策の結果、二〇〇八年には三パーセントまで低下したが、二〇〇九年の世界的な経済環境の悪化に伴いその後緩やかな増加に転じており、二〇一二年では五・三パーセントである。

注

1 この節は、拙著「日米財政収支と国際収支」『日本経済研究』（岩田規久男・石川経夫編、東京大学出版会、一九八八年）を要約。なお、IMF(1986), Review of the Fiscal Impulse Measure, Occasional Paper,No.44 参照。

2 この節は拙著参照。Asset Bubbles and the Monetary Policy of the Bank of Japan. この論文は第五回 Special

Financial Conference on Asian Economic Studies（一九九二年一〇月アメリカのアトランタ市で開催）にて報告し、『経済と経済学』東京都立大学経済学会（一九九五年九月）において発表。

3　アメリカでは一九七〇年に連邦準備銀行からのフェデラルファンドの融資が受けられない金融会社を中心にCPの信用恐慌が起きている。Hyman P. Minsky, Stabilizing An Unstable Economy, 1986　Part 2.4 参照。

4　アメリカの連邦準備銀行は以前、M1、M2、M3の三つの統計を公開していたが、二〇〇六年からM3の公表を中止し、二〇〇六年春より連邦準備銀行はM1、M2の二つの統計だけを公開している。欧州中央銀行は、ユーロの通貨統計を以下のように定義している。M1：市中の貨幣＋夜間金庫、M2：M1＋満期二年までの定期預金＋三ヶ月までに償還される口座、M3：M2＋現先取引＋マネー・マーケット・ファンド＋二年以内の債券である。

5　Williamson, John, Did the Washington Consensus Fail?・Outline of Remarks at CSIS, Washington DC: Institute for International Economics, November 6, 2002.

6　韓国経済の分析は拙著参照。International Monetary Fund Conditionality and the Korean Economy in the Late 1990s, Weathering the Storm Taiwan, Its Neighbors,And The Asian Financial Crisis, Peter C.Y. Chow and Bates Gill, editors Brooking Institution Press, Washington, D. C. 2000.

10章　新たな貨幣ゲームへ

緩やかに変わっていき、しかももとの構造には戻らない社会において貨幣ゲームはおこなわれており、前例のない金融危機により新たなる政策と制度の模索が始まっている。この著作では、社会を個々の人びと、会社や組織の相互作用に基づく貨幣を媒体とした複雑系という貨幣ゲームとみなして議論を展開してきたが、結びにあたり、国際社会の現状についてまとめておく。

1　世界的な金融危機と政策

二〇〇八年九月のリーマン・ブラザーズの倒産に端を発する金融危機後に、アメリカの中央銀行にあたる連邦準備制度理事会は短期金利をほぼゼロとしながら、マネタリーベースの供給を積極的に拡大するという量的緩和政策をとってきた。この量的緩和政策により景気のいっそうの後退を防ぎ、失業率が二ケタ以上に悪化するのを阻止しようとしてきた。この歴史に類を見ない金融の緩和政策は、二〇一四年に変更を余儀なくされており、金利水準は調整の段階に入っている。

アメリカにおいて、債権をあたかも持分のごとく粉飾したサブプライム住宅ローンの転売による多重債務問題に端を発した金融資産価格のバブルが崩壊し、リーマン・ブラザーズは裁判所に破産申請をおこなった。この申請により、この株式会社が発行している社債や投資信託を保有していた会社への影響、取引先への波及や連鎖倒産による景気後退の不安が広がり、世界的な金融危機へと広がった。アメリカ政府は、いくつかの大手の金融機関の株式を買い取り、一時国有化した。このリーマンショックの一ヶ月後にニューヨークのダウ工業平均株価が一万一〇〇〇ドル台から八〇〇〇ドル台に急落し、二〇〇九年三月には六、五〇〇ドル台割れを起こした。東京においては日経平均株価が大幅に下落し、一時七〇〇〇円台割れをおこして一九八二年一〇月以来二六年ぶりの安値を記録した。

この経済危機に対して、アメリカの連邦政府は、景気を下支えるために財政支出を拡大した。このため単年度の財政赤字は四年連続で一兆ドルを超え、財政は硬直化していった。国際通貨基金の年次報告書によると、二〇〇七年のアメリカの国債の債務残高のGNP比は四六、五パーセントにすぎなかったが二〇一三年には八七・四パーセントまで急激に上昇した。ちなみに、日本のそれは二〇〇七年八〇・五パーセントで二〇一三年が一四〇・九パーセントである。

2　不確実性をます国際経済

二〇一三年半ばの国際経済環境に目を転じると、不確実性はいっそう高まっている。同年の三月以降、アメリカの連邦準備制度理事会は、リーマンショック後に採用したゼロ金利政策での量的緩和政策から、マネタリーベースの供給量の増加を緩やかにして金利をあげようとしている。この政策の結果、金利は緩やかに上昇し、景気のいっそうの上昇がない限り株価は低迷していくであろう。また、この金融政策は、安定的に成長してきた東南アジア諸国において為替レート水準の安定に不確実性を高めている。すなわち、短期資金がこれらの国かニューヨークへ還流して、金融市場の混乱をもたらし始めている。韓国では、不動産バブルの崩壊と、円安・ウォン高による輸出の低下により景気の減速が始まっている。また、中国ではリーマンショック後に景気を牽引してきた中央政府と地方政府の公共投資の伸びが鈍っており、金融当局の監視監督がおよばない非公式金融市場が機能不全に陥り始め、国民所得の伸びも鈍ってきている。具体的には、中国はリーマンショックによる景気減速を防ぐため、四兆元（約六四兆円）の公共投資をおこない、工業団地や住宅団地の開発をおこなったが、投資資金の回収は不確かなものになり始めている。ちなみに、二〇一三年中期の政府債務の残高は、約三〇・三兆元（約五二〇兆円）で、そのうち地方政府が占める割合が約六割で、その残高総額が国内総生産GNPに占める割合は約六割である。

アメリカの連邦準備制度理事会はインフレが加速化するのを防ぐために、二〇一三年の初めごろから、短期金利、フェデラルファンドレートを緩やかに上げ始めた。アメリカにおける失業率は、一時二ケタを超えていたが、二〇一三年年末には、七パーセントまで、さらに、二〇一四年九月には五・九パーセントまで低下した。これにより、二〇一四年年末から漸次量的緩和政策は縮小され、自律的な経済の回復が期待されている。

他方、欧州のユーロ圏では二〇〇九年にギリシャの財政の危機から共通通貨ユーロの存続が問われるようになった。特に、若者の失業率はイタリアで四割、スペインでは六割を超えており、共通通貨ユーロの将来は必ずしも明るくはない。ユーロ圏の失業率は二〇一三年の半ばにおいて一二パーセントを超えて高止まりしている。

さらに、アメリカにおいて、短期金利がやや上がり始めると短期資金が新興市場からニューヨークに還流するようになり、インドのルピー、ブラジルのレアル、インドネシアのルピアは対ドルレートで、一割から二割きりさがっており、これらの諸国においては輸入物価の上昇によるインフレの抑制に政策の比重が移りつつある。

3 新たな規制と政策への模索

歴史的に金融機関への規制を振り返ると、アメリカでは大恐慌を教訓として、一九三二年にグラス・スティーガル法が、デフレを阻止する目的のために成立し、国債などの資産を商業手形と同じように再割引できるように連邦準備制度理事会の権限を拡大した。一九三三年には、商業銀行業務および投資銀行業務を分離する条項が追加され、連邦預金保険公社（FDIC）の設立による銀行預金の保護を中心とする銀行改革が進められた。その中の条項には、レギュレーションQがあり、投機の規制を対象としていた[1]。

一九四六年にアメリカでは雇用法が成立して、物価の安定と雇用の維持が連邦政府に委ねられることになった。この法律により、大統領経済諮問委員会が設立され、毎年、大統領経済報告書を公表している。現在、物価の安定と雇用の維持の政策は、連邦準備制度の政策委員会である連邦公開市場委員会が担っており、その政策の目標は、最大限の雇用、物価の安定と適度な長期金利を推進することとされている。

一九八〇年になると、先進諸国が為替レートに関して変動相場制度を採用するにおよんで、レギュレーションQの規制は、連邦準備制度理事会によって、完全な預金金利の自由化のために無効とされた。さらに、自由放任の思潮の下、銀行業、証券業および保険業を同じ持株会が経営するというユニバーサルバンキングが声高に叫ばれ、一九九九年末に銀行持株会社による他の金融機関の所有を禁止する条項は廃止された。

しかしながら、リーマンショック後に少ない自己資本で多額の投資を行う投資銀行への新たなる規制の制度設計が模索され、二〇一〇年に金融規制強化法が成立し、二〇一三年一〇月に詳細な指針がきまった。この指針においては、民間銀行のヘッジファンドなどへの投資を制限し、リスクを回避する取引も適切さの分析が必要となっているが、適用は二〇一五年七月からの予定である。

ちなみに、ユーロ危機に見舞われた欧州連合は、欧州中央銀行が二〇一四年秋から域内の銀行監督を一元的に行い、二〇一五年一月から破綻処理委員会が統一して破綻処理を行う予定であり、預金保険の一元化も視野にいれている。

日本ではゼロ金利政策の下での量的緩和政策が数年続いた後に、二〇一三年初めから日本銀行によるいっそうの量的拡大がおこなわれている。人類の歴史上類を見ない政策である。いいかえるならば、「常識」を超える政策がおこなわれており、社会における不確実性を高めている。そして、この政策は、二〇一三年一〇月時点において二〇年にもおよぶ経済の「うつ的な気分」から、経済状況は改善するかもしれないという「ややそう的な気分」へ、社会の雰囲気を変えてはいる。

政府と日本銀行は、無制限の量的緩和により円高の是正と一年半後の二パーセントのインフレの実現などの政策目標を掲げている。そして、国債の発行による大規模な公共投資をおこない、このために発行される国債は日本銀行の買い操作により日本銀行が長期保有することになっている。デフレから脱却し、消費者物価上昇率を二パーセントに押し上げるため、日本銀行は非常に積極的な量的緩和政策を持続させており、政策の初期段階では、投資家の間で情報が錯綜、混乱して市場が不安定になった。二〇一三年九月末の時点では、長期金利は一パーセント以下の水準で、政府の国債の借り入れコストはほとんど変化していない。市場におけるインフレ期待は高まっており、政府の債務は実質的に緩やかなインフレによりへっていることになる。

一見、この政策は、短期的には有効な政策であるように思われる。しかしながら、中長期的に持続可能な政策ではない。なぜなら、短期金利は政策的に管理が可能であるが、中長期的には国債と優良な社債との価格格差、その結果としての金利の格差を生じさせ、金融市場に混乱を生じさせるからである。

物価が安定しているか、緩やかに下落している状況で、日本銀行のマネタリーベースの供給をふやすと、資産投資家は、短期的には、国債、株式や外貨建て資産に乗り換えようとして、債券価格が上がり金利が下がり、株価は上がる。同時に、ドル高、ユーロ高で円安となる。短期金利がほぼゼロに近い水準での、日本銀行によるマネタリーベースの供給の増大という量的緩和政策の場合には、株価の上昇とドル高、ユーロ高・円安が生じる。この場合、個々の株式会社の財務状況はほとんど改善していないにもかかわらず、個々の株価は上がる可能性がある。

また、円安、ドル高、ユーロ高は、外国における商品市場において日本で生産され販売されている商品の価格を下げるので日本の総輸出をふやす。他方、円安はドルやユーロで表示されている商品の価格の円建ての価格をあげるので、外国からの総輸入はへる。総じて、円安は、経常収支を改善させて日本の国内市場の有効重要を高めて景気を良くする可能性がある。他方、この円安は輸入物価の上昇から緩やかなインフレを生じさせる。この景気回復の状況は、一九七〇年代の後半や一九八〇年前半に見られた経済状況と類似している。ただし、この円安の輸出数量への影響は弱い。

株価が高くなり円安になって、銀行からの融資の金利から予想物価上昇率を差し引いた実質金利が投資の予想収益率を下回ると、株式会社の経営者は設備投資をふやすのだろうか。円安が持続的なものであると経営者が判断し、投資からの収益が資金調達費用を大きく上回ると予想するなら、輸出のための商品を多く生産している会社は、設備投資を拡大するかもしれない。国内向けの商品を多く生産している会社の経営者なら、一年以内に賃金労働者の所得の増加があり、商品の購買意欲が上向きと判断するなら設備投資をふやすであろう。いずれにしても不確実性が大きいと判断するなら、会社の経営者は設備投資の拡大を手控えるであろう。

二〇一四年四月に三パーセント消費税率があげられた。

消費者物価上昇率が数パーセントのもとで国民所得の成長率が負になるというスタグフレーションにおちいる可能性が高い。思い切った財政政策で景気を下支えしないかぎり景気後退に陥るだろう。少なくとも、過去二回の消費税の引き上げはそのことを示唆している。国民所得の変動に関する情報処理と、金融政策の経済の状況への対処は、この二〇年で各段に進歩した。政策担当者のきめ細かい政策への手腕を期待するしかない。

4　社会における不確実性の縮減のために

ケインズは第二次世界大戦後に、先進諸国における変動為替レートの下における切り下げ競争が、大戦の引き金をひいてしまったとの反省から、固定相場制度のために国際通貨・バンコールを提案した。しかしながら、アメリカの合意をとりつけることができず、金の兌換性を維持したアメリカドルを機軸とした変更可能な釘付けレートという固定相場制に基づいたブレトン・ウッズ体制が一九七一年の金とドルの交換を停止したニクソンショックまで続いた。

このブレトン・ウッズ体制においては、ある国の国内経済の運営が国際収支の動向に大きく左右されるということであり、それは国際通貨の供給が新規の世界全体における金の生産にも大きく依存していた。そして、一国の総輸入と総輸出が大きく乖離して経常収支が一時的に大幅な赤字に陥った場合には、国際通貨基金からの緊急融資の道が開かれていた。しかし、それには財政支出の抑制や、金融引締めによる民間の設備投資の削減という総需要管理政策を採ることが、国際通貨基金からの融資条件であった。

さらに、国際収支の不均衡が、国内外のインフレ格差を考慮した実質為替レートの過剰な切り上がりによると認められる場合には、為替レートを切り下げることが国際通貨基金から承認されることになっていた。

ブレトン・ウッズ体制は、一九七一年アメリカ合衆国が金とドルの交換を停止し、先進諸国が変動為替レート制度を採用するにおよんで崩壊した。為替レートが市場の需要と供給に応じて変動するようになって、金融政策に関わる先進国の金利は大きく変動するようになっていった。

一九八〇年代以降、情報革命に伴う各国の金融・資本市場の急激な成熟によって、世界的に統一された金融市場が成立していった。その結果として、金融商品が取引される市場と商品および製品が取引される市場において、需要と供給を調整する速度が大きく乖離するようになっていった。第二次世界大戦後の経済成長によって巨額な資本が蓄積され、さらに金融市場の深化とともに金融商品の規格化および標準化が進み、金融資産の価格は瞬時に変化し、その価格の変動によって需要と供給の調整がおこなわれるようになった。

したがって、金融のグローバル化というのは、先進国間で最も必要としているところに資金が流れるという点で効率性を高めるという議論はできるが、同時に世界全体で金融市場の調整と商品市場の速度がいっそう乖離して、システムが不安定になる可能性がある。しかも、世界規模でおこなわれるということで、経済システム全体の不安定性を助長するという可能性が極めて高い。二〇〇八年後期の世界金融危機はこのことを明らかにした。

一九七〇年代からの先進諸国における変動相場制の採用は、安定的な財政金融政策の運営を困難とし、各国の政府にして、為替レートの変動にもかかわらず高い雇用水準を維持するための財政支出の拡大を余儀なくしてきた。さらに、民主主義を掲げる社会において、より豊かで安定した社会生活を営むために、雇用保険、医療保険および年金を含む社会保障費の拡大とともに各国において政府の財政の硬直化がすすんでいった。政府の財政が硬直化してしまうと、歳出における支出項目の予算額の増減に伸縮性が乏しくなり、しかもその増加傾向を抑制する力が失われる状況になってしまう。したがって、政府の歳出を状況に応じて弾力的に支出できなくなるばかりでなく、年金などの支出が大きくなり必要とされる新規の支出を予算に盛り込む余地が乏しくなる。

日本社会において失業者の少ない、より安定した経済状況を創り出すためには、株式会社とは誰のために、何のためにあるのか、という社会における常識を緩やかに変えることが必要であり、株式会社の経営者の目標は、解雇者をできるだけ少なくしつつ会社を継続して経営することにあることを再確認することにある。さらに、ケインズが夢見た、世界共通通貨への道のりは甚だ険しいものであるので、域内貿易が過半数を超える東アジアは、国際貿易に伴う不確実性の縮減のために東アジア共通通貨をめざさなくてはならない。これらにより、社会の貨幣ゲームは変えられるのであり、同時に、その社会においてくらす人びとにより貨幣ゲームは緩やかに変わっていく。

ヨーロッパ大陸には、この地域の時間・空間の履歴にねざした欧州型の協調的な、共通通貨ユーロに基づいた資本主義市場経済が、アメリカ大陸にはこの地域の時間・空間の履歴にねざした市場原理主義的な資本主義がある。したがって、東アジアは、東アジア型資本主義市場経済を創り出すほかに、この地域の安定的な発展はない。

これに示唆を与えるのは仏教経済学であり、エルンスト・フリードリッヒ・シューマッハーによれば、唯物主義者が主としてモノに関心を払うのに対して、仏教徒は解脱（悟り）に主たる関心を向ける。だが、仏教は「中道」であるから、決して物的な福祉を敵視しはしない。解脱を妨げるのは富そのものではなく、富への執着なのである。楽しいことを享受することそれ自体ではなく、それを焦がれ求める心なのである。仏教経済学の基調は、したがって、簡素と非暴力である。経済学者の観点からみて、仏教徒の生活が素晴らしいのは、その様式が極めて合理的なこと、つまり驚くほどわずかな手段でもって十分な満足をえていることである[2]。

注

1 Klebaner. J. B., *American Commercial Banking, A Crumbling Industry*, Twayne Publishers, 1990. 参照。

2　『スモール・イズ・ビューティフル――人間中心の経済学』（E・F・シューマッハー著／小島慶三・酒井懋訳、講談社学術文庫、一九八六年）の第四章「仏教経済学」参照。

あとがき

自由と民主主義は、人間の社会が抱える永遠のテーマです。

中東のパレスチナの地に生まれた宗教は、古代ギリシャの自由と平等の思潮の洗礼をうけ、心身二元論の立場に立ちつつも世界宗教のキリスト教に変貌していきました。

そして、古代ローマではギリシャの民主政に影響をうけ、紀元前五世紀には帝政に代わって民主的な共和政が成立しました。この民主的な共和政は、地中海周辺の侵略戦争を繰り返す中、カリスマ的な将軍の登場により、紀元前一世紀の後半に帝政にとってかわられました。この古代ローマ帝国において、世俗の皇帝の権力に抗して神の前の自由と平等を説くキリスト教は社会に受け入れられていきました。古代ギリシャの民主政を受け継いでいたローマは、神の前の自由により、その権力の礎を衰えさせていきました。そして、ヨーロッパの中世をへて、市民の自由はルネサンスにおいて甦っていきます。そして、一八世紀の後期にはヒュームによって、神の前の自由は社会における個人主義的な自由へと世俗化されました。さらに、一九世紀末フリードリヒ・ニーチェにより、自分自身の生存の前提となる自己同一性をもち、その世界の意志によるすべての結果を受け入れる個人主義的な自由となりました。

ところが、世界では二〇世紀の中葉において一九世紀の先進諸国の帝国主義の反動として、大恐慌により大量の失業に苦しむ社会において、民主主義は全体主義や権威主義によってその機能を一時停止しました。同時に、社会における自由は、雇用をめぐる世界大戦のさなかに消失しました。

大学に入学した一九七二年頃、東京大学の駒場の書籍売り場には、ジャン・ポール・サルトルの『弁証法的理性批判』の訳本が山積みされていました。高校時代にアルベール・カミュの著作を何冊か読み、すでに実存主義にややふれていたので、この著作を買って読んだのですがほとんど理解できませんでした。理解できたのは、「自由という刑に処せられている」と断じた実存主義を「監獄の中の自由」とマルクス主義者から批判され、サルトルは実存主義をより哲学的に根拠づけるために、この著作を執筆したというだけでした。確かに、カミュの『ペスト』にはこの批判が的をえているのかもしれません。

ともかくも、人びとは、日々の生活において政治体制を含む制度からなる生産様式により制約されて行動しています。それらの諸制度は、人間によって形作られ、時間・空間の試練をへて練りあげられていくものですが、これらが個々人を支配する社会の現実です。この社会の中で、人間はいかにして真に自由でいられるのかが問題となると考えはじめました。

また、サルトルは「人間は生まれながらに自由という刑に処せられている」とした実存主義を展開した『存在と無』において、理論的な礎をハイデガーの解釈学的現象学においており、ウィトゲンシュタインの「言語ゲーム論」は、この解釈学的現象学の相貌をもっています。

大学二年目の年にはカール・マルクスの『資本論』を勉強していたのですが、読み進むうちに、第三巻の生産価格論と市場価格論の議論の展開において、その探求は頓挫しました。

経済学部に進学した三年目の頃は統計学の演習で主観確率の勉強をしていて、ケインズが近代統計学のベイジアンの開拓者の一人とみなされていることを知りましたが、ここでの事前確率という概念は「組織の意思決定論」という技術論になっていると考えるようになっていきました。

この年の夏休みには、アルバイトなどで貯めていた小金をはたいて二ヶ月ほどヨーロッパに遊学しました。ヨーロッパにおける時に抗して建つ石づくりの街並みの空間に、「普遍」への絶えまざる意志を感じたのは、日本の無常という「刹那」の思想に魅かれていたからでしょう。

帰国後は、国際経済学を中心に勉学を進めたのですが、最も印象に残っているのは、マンデルの「最適通貨圏の理論」であり、数ページの論文ですが歴史に残る論文であると直感しました。大学院では主にマクロ経済学を研究して、演習では、ケインズの『一般理論』を英語で輪読しましたが、マクロ経済における所得分析との乖離と晦渋な英語に当惑してしまいました。

この著作では、この所得分析とそれに続くジョン・ポール・サムミュエルソンの新古典派総合は、ケインズの『一般理論』の新古典派経済学の理論からの一つの解釈にすぎないとみなしています。

一九七三年に石油危機が生じるとインフレが深刻になり、ケインズ経済学はこの問題に首尾よく対処できないと思われ、時代は新古典派経済学やマネタリストのシカゴ学派に向いていました。このころ大学院の演習で輪読した、ハイエクの『科学としての反革命』には、大きな衝撃を覚えました。この著作は、ケインズ革命への反革命を意図して執筆されています。

また、ほぼ同じ時期に他の演習でハイエクの『自由の条件』を英語で輪読しました。ハイエクには、社会科学を哲学の中核をなす認識論から、自然科学とは異なる「普遍」を探求する学があります。しかしながら、ケインズの『一般理論』の方法論が、ハイエクのこの方法論と類似しているとの考えは当時思いつく余地もありませんでした。いいかえれば、それほどマクロ経済分析の開放経済体系への拡張と動学化という経済理論における時代の流行にとりつかれていたのです。

ともかくも、開放経済に関するアセットアプローチの論文のおかげで一九八二年に、ケインズとアメリカの国務長官ホワイトにより起草され設立された、このころ国際機関の「女王」とよばれていて、本部がワシントンにある国際通貨基金に職をえました。ちなみに、在職中に地下の図書館でケンブリッジ大学のケインズサーカスの一員で、一九七七年にノーベル経済学賞を国際経済学の分野で初めて受賞したジェイムズ・ミードの *Balance of Payments* の著作を見つけましたが、この本は、マンデル・フレミングモデルで知られているフレミングにミードから贈られたものでした。この時には、随分歴史と伝統のある機関で働いていると実感したのを覚えています。

ところで、国際通貨基金における仕事においては経済問題の政治化と直面せざるをえませんでした。第一次石油危機後、発展途上国では、累積債務危機が顕在化して世界経済全体の不安定要因となっており、それに対応する経済政策を立案し実行するのが国際通貨基金や隣接する世界銀行の主な仕事となっていました。担当した仕事は、外貨支払いの危機に陥った韓国経済のために、一九八三年のマクロ経済政策を立案することでしたが、この経験により、国民所得統計の、ある「確からしさ」を確認することができたのは収穫でした。ただし、その制度の正確さは、九五パーセント以上を競うものではありません。

しかし、一方で、ケインズ理論を開放経済に拡張した動学的なアセットアプローチで、十分に現実の経済は理解できると自負していたので、シカゴ大学出身のミッションチーフとの議論には、韓国の経済の現状を見る視点が異なることにより、大いに困惑しました。さらに、すでに国際通貨基金の運営そのものが、国際政治の舞台そのものでもあると思うようになり、社会科学は国際的な政治力に影響されていると考えるようになっていきました。

国際通貨基金での二年半の勤務とジョンズ・ホプキンス大学の一年間の客員研究員の後、帰国しましたが、国際政治の経済分析は、私の関心のある領域の一つとなりました。一九九〇年には、東京都立大学（現首都大学東京）の交換助教授としてニューヨーク市立大学で研究している頃、ロバート・ギルピンの著作に出会い、知的な刺激を覚えるとともに、いつかこのような著作を「政治経済学」の理論的視点から書いてみたいと思うようになっていました。

当時すでに、コロンビア大学のロバート・マンデルと面識があり、彼の研究室での談話から、この著作を彼に紹介しました。数日後に購入して、この本を彼が当時客員教授をしていたペンシルベニア大学に送りましたが、残念ながらその後、マンデルからは何の連絡もありませんでした。彼は一九九九年に、国際経済学への貢献により、ノーベル経済学賞を受賞しましたが、ヨーロッパの共通通貨ユーロの実現に多大の影響を与えています。

二〇〇一年から一年間は、インドネシア共和国の財政分析庁のアドバイザーとして国際協力事業団から派遣され、財政の歳入と歳出の短期の管理とマクロ経済管理の指針としての国民所得統計の役割を再確認することができました。ちなみに、この仕事は、国際通貨基金で一緒に仕事をしたミッションチーフがアジア通貨危機からの経済の立て直しのために二〇〇〇年に策定したマクロ経済政策が、インドネシア経済を大混乱に陥れたために新しく任命された専門家たちと連携してインドネシアの政策を支援するものでした。

それゆえこの著作は、これらの経験とこれまでに学んできた知識の上に執筆されています。

最後に、この著作の内容は、二〇一三年度から始めた東京大学大学院経済学研究科の講義によっています。そして、すでに、二〇一四年六月に講義ノートとして発表した『貨幣ゲームの政治経済学―「常識」から思考する社会科学』を改訂したものです。改訂に際して、言語ゲームとしての社会科学を意識して、横書きを縦書きにし、さらに日本語により内容がよりわかりやすくなるように、図表と「閉鎖経済体系の動態」の章を割愛しました。

文章の縦書きへの変更においては東信堂の向井智央氏にお世話になりました。ここに御礼を申し上げます。

二〇一五年　紅梅の咲く横須賀にて

柳田　辰雄

人名索引

あ行

か行

さ行

た行

な行

は行

マ行

や行

ら行

わ行

た行

な行

は行

ま行

や行

ら行

わ行

事項索引

あ行

か行

さ行

著者紹介

柳田 辰雄（やなぎた たつお） 東京大学大学院新領域創成科学研究科教授

略　歴

1976年3月東京大学経済学部経済学科を卒業、1978年3月東京大学経済学研究科経済学専攻修士課程修了、国際通貨基金(IMF)エコノミスト、東京都立大学経済学部助教授、東京大学大学院総合文化研究科助教授、教授を経て、1999年4月より現職。この間ジョンズホプキンス大学客員研究員、ニューヨーク市立大学院センター客員助教授、2002年8月まで1年間国際協力事業団派遣専門家、インドネシア共和国財務省財政分析庁財政アドバイザー。

経済学博士(東京大学)

著　作

『国際政治経済システム学――共生への俯瞰』(東信堂、2008年)

『相対覇権国際システム安定化論――東アジア統合の行方』(東信堂、2008年)

『経済学入門』(共編著、東京大学出版会、2000年)

「ロシアと金融改革」山田俊一編『移行経済の経済改革と社会経済変容』(日本貿易振興会・アジア研究所、123-139頁、2000年)

「(2) 経済統合下における米国の戦略としての世界共治(グローバル・ガバナンス)」『「グローバリゼーションの中の国際システムとガバナンスの課題」研究委員会 報告書』財団法人地球産業文化研究所、34-44頁、2000年

Tatsuo Yanagita, "International Monetary Fund Conditionality and the Korean Economy in the Late 1990s", Peter C.Y. Chow and Bates Gill, editors, Weathering The Storm Taiwan. Its Neighbors, And The Asian Financial Crisis, Brooking Institution Press, PP.. 19-38, Washington, D.C., 2000.

Tatsuo Yanagita and Parluhutan Hutahaean, "Maintenance of the Fiscal Sustainability, Chapter 4, Handbook for Fiscal Analysis、(インドネシア語)

貨幣ゲームの政治経済学　　＊本体価格はカバーに表示してあります。

2015年6月20日　　初　版第1刷発行　　〔検印省略〕

著者©柳田辰雄／発行者　下田勝司　　印刷・製本／中央精版印刷

東京都文京区向丘1-20-6　　郵便振替00110-6-37828

〒113-0023　TEL(03)3818-5521　FAX(03)3818-5514

発行所 株式会社 東信堂

published by TOSHINDO PUBLISHING CO., LTD.
1-20-6, Mukougaoka, Bunkyo-ku, Tokyo, 113-0023, Japan
E-mail: tk203444@fsinet.or.jp　URL: http://www.toshindo-pub.com/

ISBN978-4-7989-1304-9　C3033　

東信堂

宰相の羅針盤 総理がなすべき政策	村上誠一郎	一六〇〇円
—（改訂版）日本よ、浮上せよ！	＋21世紀戦略研究室	
福島原発の真実 このままでは永遠に収束しない	村上誠一郎	二〇〇〇円
—まだ遅くない——原子炉を「冷温密封」する！	＋原発対策国民会議	
3・11本当は何が起こったか：巨大津波と福島原発	丸山茂徳監修	一七一四円
—科学の最前線を教材にした暁星国際学園「ヨハネ研究の森コース」の教育実践		
21世紀地球寒冷化と国際変動予測	丸山茂徳著 吉田勝訳	一六〇〇円
2008年アメリカ大統領選挙	吉野孝 前嶋和弘 編著	二〇〇〇円
—オバマの勝利は何を意味するのか		
オバマ政権はアメリカをどのように変えたのか	吉野孝 前嶋和弘 編著	二六〇〇円
—支持連合・政策成果・中間選挙		
オバマ政権と過渡期のアメリカ社会	吉野孝 前嶋和弘 編著	二四〇〇円
—選挙、政党、制度メディア、対外援助		
オバマ後のアメリカ政治	吉野孝 前嶋和弘 編著	二五〇〇円
—二〇一二年大統領選挙と分断された政治の行方		
北極海のガバナンス	奥脇直也 城山英明 編著	三六〇〇円
政治学入門	内田満	一八〇〇円
政治の品位—日本政治の新しい夜明けはいつ来るか	内田満	二〇〇〇円
「帝国」の国際政治学—冷戦後の国際システムとアメリカ	山本吉宣	四七〇〇円
新版 日本型移民国家への道	坂中英徳	二四〇〇円
新版 世界と日本の赤十字	桝居孝 森正尚	二四〇〇円
—世界最大の人道支援機関の活動		
解説 赤十字の基本原則—人道機関の理念と行動規範（第2版）	J・ピクテ 井上忠男訳	一〇〇〇円
赤十字標章の歴史	F・ブニョン 井上忠男訳	一六〇〇円
—人道のシンボルをめぐる国家の攻防		
赤十字標章ハンドブック	井上忠男編訳	六五〇〇円
震災・避難所生活と地域防災力	松村直道編著	一〇〇〇円
—北茨城市大津町の記録		
（地質学の巨人 都城秋穂の生涯）		
都城の歩んだ道：自伝	都城秋穂	三六〇〇円
地球科学の歴史と現状	都城秋穂	二九〇〇円

〒113-0023 東京都文京区向丘1-20-6 TEL 03-3818-5521 FAX03-3818-5514 振替 00110-6-37828
Email tk203444@fsinet.or.jp URL:http://www.toshindo-pub.com/

※定価：表示価格（本体）＋税

ハンス・ヨナス「回想記」	H・ヨナス　盛永・木下・馬渕・山本訳	四八〇〇円
責任という原理—科学技術文明のための倫理学の試み（新装版）	H・ヨナス　加藤尚武監訳	四八〇〇円
原子力と倫理—原子力時代の自己理解	Th・リット　小笠原道雄編	一八〇〇円
生命科学とバイオセキュリティ—デュアルユース・ジレンマとその対応	四ノ宮成祥・河原直人編著	二四〇〇円
バイオエシックス入門〔第3版〕	今井道夫・香川知晶編	二三八一円
バイオエシックスの展望	坂井昭宏・松浦悦子編著	三二〇〇円
医学の歴史	今井道夫・石渡隆司監訳	四六〇〇円
死の質—エンド・オブ・ライフケア世界ランキング	丸祐一・小野谷加奈恵・飯田亘之訳	一二〇〇円
生命の神聖性説批判	H・クーゼ著　飯田・石川・小野谷・片桐・水野訳	四六〇〇円
医療・看護倫理の要点	水野俊誠	二〇〇〇円
概念と個別性—スピノザ哲学研究	朝倉友海	四六四〇円
〈現われ〉とその秩序—メーヌ・ド・ビラン研究	村松正隆	三八〇〇円
省みることの哲学—ジャン・ナベール研究	越門勝彦	三二〇〇円
ミシェル・フーコー—批判的実証主義と主体性の哲学	手塚博	三二〇〇円
カンデライオ（ジョルダーノ・ブルーノ著作集 1巻）	加藤守通訳	三二〇〇円
原因・原理・一者について（ジョルダーノ・ブルーノ著作集 3巻）	加藤守通訳	三二〇〇円
傲れる野獣の追放（ジョルダーノ・ブルーノ著作集 5巻）	加藤守通訳	四八〇〇円
英雄的狂気（ジョルダーノ・ブルーノ著作集 7巻）	加藤守通訳	三六〇〇円
〔哲学への誘い—新しい形を求めて　全5巻〕		
哲学の立ち位置	松永澄夫・鈴木泉編	三二〇〇円
哲学の振る舞い	松永澄夫・村瀬鋼編	三二〇〇円
社会の中の哲学	松永澄夫・高橋克也編	三二〇〇円
世界経験の枠組み	松永澄夫・伊佐敷隆弘編	三二〇〇円
自己	松永澄夫・浅田淳一編	三二〇〇円
価値・意味・秩序—もう一つの哲学概論：哲学が考えるべきこと	松永澄夫	三九〇〇円
哲学史を読むI・II	松永澄夫	各三八〇〇円
言葉は社会を動かすか	松永澄夫編	二三〇〇円
言葉の働く場所	松永澄夫編	二三〇〇円
食を料理する—哲学的考察	松永澄夫	二〇〇〇円
言葉の力（音の経験・言葉の力第Ⅰ部）	松永澄夫	二五〇〇円
音の経験（音の経験・言葉の力第Ⅱ部）—言葉はどのようにして可能となるのか	松永澄夫	二八〇〇円

〒113-0023　東京都文京区向丘 1-20-6　TEL 03-3818-5521　FAX03-3818-5514　振替 00110-6-37828
Email tk203444@fsinet.or.jp　URL:http://www.toshindo-pub.com/
※定価：表示価格（本体）＋税

東信堂

オックスフォード キリスト教美術・建築事典	P&L・マレー著 中森義宗監訳	三〇〇〇〇円
イタリア・ルネサンス事典	J・R・ヘイル編 中森義宗監訳	七八〇〇円
美術史の辞典	P・デューロ他 中森義宗・清水忠訳	三六〇〇円
書に想い 時代を讀む	河田悌一	一八〇〇円
日本人画工 牧野義雄—平治ロンドン日記	ますこ ひろしげ	五四〇〇円
〔芸術学叢書〕		
芸術理論の現在—モダニズムから	藤枝晃雄 谷川渥 編著	三八〇〇円
絵画論を超えて	尾崎信一郎	四六〇〇円
美を究め美に遊ぶ—芸術と社会のあわい	江藤光紀 荻野厚志 田中佳 編著	二八〇〇円
バロックの魅力	小穴晶子編	二六〇〇円
新版 ジャクソン・ポロック	藤枝晃雄	二六〇〇円
美学と現代美術の距離—アメリカにおけるその乖離と接近をめぐって	金悠美	三八〇〇円
ロジャー・フライの批評理論—知性と感受性の間で	要真理子	四二〇〇円
レオノール・フィニ—境界を侵犯する新しい種	尾形希和子	二八〇〇円
いま蘇るブリア＝サヴァランの美味学	川端晶子	三八〇〇円
〔世界美術双書〕		
バルビゾン派	井出洋一郎	二〇〇〇円
キリスト教シンボル図典	中森義宗	二三〇〇円
パルテノンとギリシア陶器	関隆志	二三〇〇円
中国の版画—唐代から清代まで	小林宏光	二三〇〇円
象徴主義—モダニズムへの警鐘	中村隆夫	二三〇〇円
中国の仏教美術—後漢代から元代まで	久野美樹	二三〇〇円
セザンヌとその時代	浅野春男	二三〇〇円
日本の南画	武田光一	二三〇〇円
画家とふるさと	小林忠	二三〇〇円
ドイツの国民記念碑—一八一三年—一九一三年—	大原まゆみ	二三〇〇円
日本・アジア美術探索	永井信一	二三〇〇円
インド、チョーラ朝の美術	袋井由布子	二三〇〇円
古代ギリシアのブロンズ彫刻	羽田康一	二三〇〇円

〒 113-0023 東京都文京区向丘 1-20-6 TEL 03-3818-5521 FAX03-3818-5514 振替 00110-6-37828
Email tk203444@fsinet.or.jp URL:http://www.toshindo-pub.com/

※定価：表示価格（本体）＋税